LAS FRONTERAS DE LO HUMANO

LA ANTROPOLOGÍA DE C.S. LEWIS

Y J.R.R. TOLKIEN

Ernesto Martín Reche

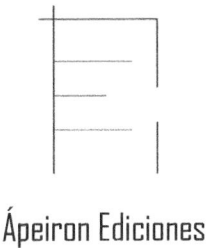

Ápeiron Ediciones

2024

Sophia

LAS FRONTERAS DE LO HUMANO

LA ANTROPOLOGÍA DE C.S. LEWIS

Y J.R.R. TOLKIEN

Ernesto Martín Reche

τέχνη * sophia

1.ª edición, 2024

© Del texto, Ernesto Martín Reche
© Ápeiron Ediciones
C/ Príncipe de Vergara, n.º 132, planta 9
28002 Madrid
Tfno.: (+34) 637 10 99 20
E-mail: info@apeironediciones.com
http://www.apeironediciones.com/

Diseño y maquetación: Ápeiron Ediciones

Papel procedente de fuentes responsables

ISBN: 978-84-128256-2-6
Depósito legal: M-6251-2024

Índice

1. El papel de los monstruos en la delimitación de la identidad humana

Entender la naturaleza humana pasa, hoy día, por el estudio de cada una de las facetas positivas del hombre. "Positivas" en sentido activo. Cuando observamos los distintos aspectos del ser humano, el lenguaje, la conciencia, su mente, etc... Observamos características positivamente humanas. Sin embargo, para obtener una comprensión verdaderamente amplia del ser humano no debemos dejar a un lado el aspecto negativo. Hablar de "negativo" es hacerlo en un sentido similar al que usamos cuando hablamos del negativo de una fotografía. En una fotografía, el negativo, es "el otro lado" del retrato. Es el reflejo invertido de aquello que queremos retratar.

De la misma forma, el negativo de lo humano es un reflejo invertido de lo que somos. Sin embargo, continuando con el símil fotográfico, cuando nos estudiamos a nosotros mismos, cuando nos observamos, descubrimos que no es tan sencillo atrapar nuestro propio retrato, la tarea de "fotografiar" al hombre es una tarea infinita, jamás logramos la nitidez necesaria. Las ciencias positivas, el estudio antropológico y psicológico, intentan retratar al hombre de una forma positiva, pero para obtener una imagen más clara, aunque no por ello definitiva, necesitamos tener en cuenta también el aspecto negativo, aquello que no es el hombre pero que le define y delimita de forma más precisa que muchas definiciones positivas.

Cuando hablamos de lo monstruoso, entendiendo su acepción más literal, estamos hablamos de, generalmente, dos tipos de seres. Por un lado, aquellos que una vez fueron humanos pero que, de alguna manera, han sufrido un cambio o bien estético o en su naturaleza. Ya sea una mutación de algún tipo o bien en su origen o nacimiento, en su desarrollo, bien de forma accidental en su madurez y que, debido a ese cambio, queda apartado o excluido de la especie humana. Por otro, de aquellos seres creados por nuestra imaginación y que pueblan las leyendas o los mitos creados por el ser humano y que por definición tampoco pertenecen a la especie humana. Quizá esta última sea la característica más importante del monstruo, el hecho de que es otra cosa que lo humano. Y el terreno donde mejor pueden observarse ambos casos es precisamente en el segundo, en los productos de la imaginación: la literatura y el cine y, de forma general, en la narración.

En las narraciones de cualquier época, desde la tradición oral a los actuales medios encontramos seres no humanos. En particular, dentro de la cultura occidental, estos seres suelen desarrollar, al menos aparentemente, un papel meramente lúdico o estético. Es habitual encontrarlos como pintorescos personajes que pueblan los cuentos infantiles, la literatura o el cine. Sin embargo, si observamos detenidamente sus funciones narrativas, podemos ver que actualmente, al igual que en la antigüedad, estas criaturas suelen, cumplir el papel de antagonistas, de enemigos de la humanidad: cíclopes y sirenas, en la antigua Grecia; dragones y trasgos, en la edad media; o máquinas y alienígenas, en nuestra época; son algunos de los ejemplos más claros. Adoptan el papel del "otro", de aquello a lo que el hombre se enfrenta o teme porque, si bien es cierto que poseen algunas similitudes con la raza humana, también poseen características y una naturaleza radicalmente distinta a él y que nos sirven para saber qué es lo que no somos.

En la literatura y los mitos es posible encontrar criaturas no humanas que, de alguna manera, sirven de aliados al hombre. Quirón el centauro mentor de Hércules, los espíritus que protegían los hogares romanos llamados lares o las Shide[1] que en algunas ocasiones se casaban con humanos y les entregaban grandes dones. Estos casos son menos frecuentes y sirven para dar mayor énfasis al papel del héroe humano o para dar consejo. En términos narrativos las criaturas no humanas que pueblan los mitos y leyendas, funcionan como referente del héroe humano. O bien como maestros y tutores que les conceden habilidades y dones extraordinarios o bien como enemigos poderosos que ponen a prueba dichas habilidades.

Extrapolando esta función narrativa a la forma en que comprendemos se puede afirmar sin grandes dificultades que lo monstruoso no sólo ha estado presente en la cultura humana de forma universal sino que, además, ayuda al ser humano a entender su papel en el mundo que le rodea.

---

[1] Hadas de la corte luminosa en la mitología irlandesa.

Desde las formas mitológicas hasta la literatura más elaborada encontramos seres que no son parte de la raza humana. Seres que van más allá de lo humano y que, generalmente, no poseen las características necesarias, por exceso o por defecto, para alcanzar la condición humana.

La definición de estos monstruos, sus características y capacidades, en relación con la raza humana, es la piedra angular sobre la que construimos la definición de persona o de "ser humano", tanto en la antigüedad como en la actualidad. Quiero detenerme un poco a remarcar este punto. Es fundamental, como se verá más tarde, el modo en que las criaturas no humanas de las narraciones, particularmente las que habitan el folklore, la mitología y en general la cultura de una civilización, sirven para definir al propio ser humano. La forma en que nos definimos respecto a ellos mediante sus semejanzas y diferencias es, en parte, la forma en que podemos definir nuestra naturaleza. ¿Pero en qué modo concreto sirven para definirnos a nosotros mismos? Siguiendo al profesor Choza constatamos que: "Los hombres medievales convivían con gnomos, magos, brujas, ogros, demonios, dragones, hadas, elfos, arcángeles, etc... y se adentraban en mundos transhumanos que les eran hostiles o amigables. Al definirlos aprendían cuáles eran los límites de lo humano." (Choza, J. & Choza, P. 1996, p. 68).

En el texto citado, el profesor Choza hace referencia fundamentalmente a la Odisea, sin embargo los argumentos son fácilmente extrapolables tanto a la literatura moderna como a los distintos sistemas mitológicos. De la misma forma que la Odisea de Homero es un referente indispensable para entender el horizonte conceptual de la cultura griega y es útil para dibujar un "mapa" de lo que es un ser humano griego, la mitología y las leyendas populares de cada cultura tienen la misma función. Nos sirven para comprender mejor dicha cultura y su forma de entender al ser humano. La complejidad de este mapa reside en que cada cultura escribe su propio mapa sobre los anteriores, como un sistema geológico compuesto por estratos de eras anteriores.

Por ello en la búsqueda para entender al ser humano no sólo es necesario entender la cosmología actual sino que además hay que realizar un trabajo arqueológico revisando los antiguos mitos y leyendas que han influido en la cultura actual.

No es mi intención realizar un estudio pormenorizado de los distintos sistemas mitológicos, esto es una tarea que ya se ha realizado anteriormente en muchos estudios filosóficos y filológicos. Lo que pretendo es establecer la relación entre los personajes no humanos creados por el hombre en las narraciones, en términos generales, y la concepción que tenemos de nosotros. Es decir, cómo puede el estudio de estos seres, revelarnos la naturaleza y los límites del ser humano.

C. Taylor define al hombre como un animal que se autointerpreta, citando sus propias palabras:

> Creemos que nuestros pensamientos, ideas y sentimientos están "dentro" de nosotros, mientras que los objetos en el mundo a los que se refieren esos estados mentales están "fuera". [...] Pero por muy firme que pueda parecer esta partición del mundo, por muy sólida que pueda parecer esa localización, y anclada en la propia naturaleza del agente humano, es en gran medida, un rasgo de nuestro mundo, el mundo de las gentes modernas y occidentales. (Taylor, 1996, p. 127).

Esta afirmación de Taylor puede servir como ejemplo de que la visión que tenemos de la interioridad, de la identidad y de nosotros mismos es un rasgo local y particular de inmerso en nuestra cultura. Esto es, que el ser humano necesita fijarse un ethos, necesita inventar qué es ser humano, definir cual es su lugar ya que este no está prefijado por naturaleza como en los animales. Los seres mitológicos, las criaturas fantásticas, las leyendas, los cuentos, todos ellos sirven como un punto de referencia. Son los límites, las fronteras que delimitan lo que no es "ser humano" y que en conjunto forman una imagen más o menos coherente de lo que somos.

Tal y como lo define el profesor Lewis "En el caso de los mitos la identificación desempeña un papel muy reducido. Apenas puede decirse que nos proyectemos en los personajes. Son como espectros que se mueven en otro mundo." (Lewis C.S, 1982, p. 36). El mito busca más bien busca transmitir ideas generales sobre el "mundo" en el que el hombre vive (tomando "mundo" en su sentido más amplio). Uno de los aspectos del mito que, generalmente no se tiene en cuenta, y al que refiere el profesor Tolkien es el de la "subcreación" (Tolkien J.R.R. 2002b, p.150). Al estudiar los mitos se suele relegar esta función creadora en pro de los aspectos interpretativos y representacionistas sobre el mito. En los mitos se tratan ideas sobre el bien, el mal y el origen del universo. Como se verá más tarde, aunque en algunos mitos el lector puede sentir cierta empatía por los protagonistas, lo cierto es que no se busca la identificación, sino, más bien, que el lector vea el mundo y las criaturas que lo pueblan desde el punto de vista del protagonista.

Por otra parte las criaturas mitológicas tampoco permiten que el lector se identifique con ellas. Estos monstruos nos afectan porque poseen semejanza con lo humano, sin embargo no podemos identificarnos con ellas, sólo entender en qué se parecen a nosotros y en qué difieren. De esa forma podemos entendernos mejor a nosotros.

Tanto J.R.R. Tolkien como el profesor C.S. Lewis estudiaron los mitos de forma pormenorizada. De hecho las obras literarias fundamentales de ambos autores poseen una estructura que recoge todas las características de los mitos. Tanto en "El señor de los anillos" como en la "Trilogía de Ramson" subyace la creación de una mitología completa y moderna que puede usarse para esbozar un mapa completo sobre nosotros mismos.

El ser humano, como lo define Charles Taylor, es un animal que se autointerpreta, esto significa que, a diferencia de los animales, el ser humano no posee un ethos fijado de antemano sino que necesita inventarse qué es ser humano. Los mitos son una de las herramientas que el hombre posee para definir su lugar en el mundo.

Tal y como defiende Arnau "La pregunta de "¿Quién soy en realidad?" constituye, según Dilthey, el motor y el acicate de toda actividad humana." (Arnau, P. 2001, p. 58).

Ante dicha pregunta no cabe solución posible, pues una respuesta directa significaría el cese de dicha actividad, o como lo defiende Dilthey, la propia muerte. La pregunta de "¿Quién soy?" hace referencia directa a nuestra identidad, es el telón de fondo que se halla tras todo lo que el ser humano crea o piensa, por ello cualquier respuesta que delimite (o mejor dicho, que limite) al hombre puede desembocar en su estancamiento, en el cese de toda su actividad y por tanto en una metafórica muerte. Por ello el hombre sólo puede dar respuestas negativas: "No soy un ave", "No soy un lobo"... definiendo los límites de lo que es ser humano. Las narraciones míticas, y sus formas menores como los cuentos de hadas, han proporcionado infinidad de respuestas que han dibujado, a lo largo del tiempo, lo que es ser humano. Definiendo sus límites, los humanos, se hayan un paso más cerca de la respuesta, pero sin agotar la pregunta.

Así pues observando a Ulises, si empleamos como ejemplo la Odisea de Homero, puede definir su situación en el mundo, e incluso a sí mismo, en contraste con las criaturas que pueblan su mundo. Ulises, u Odíseo, no es la misma cosa que un cíclope, un dios o una sirena. Esto significa que, a la hora de comprenderse a sí mismo Ulises emplea estas criaturas a modo de espejo. Para saber qué es él, observa las criaturas que le rodean y construye una narración en la que él ocupa su propio lugar. Un lugar que se define como radicalmente distinto del lugar que ocupan el resto de las criaturas.

Algunos autores de gran relevancia, como Paul Ricoeur, observan que la forma en que el hombre se interpreta a sí mismo es mediante la narración. Mediante un proceso de subcreación en el que el ser humano toma el papel de escritor y protagonista. Siguiendo a Miguel Morey es posible distinguir entre dos cuestiones de vital importancia. Por un lado el discurso descriptivo y por otro el discurso narrativo. El discurso descriptivo se enmarca dentro de la razón y en él se encuentra una explicación sobre qué son las cosas. Es decir, que si ante nosotros ocurre un desafortunado accidente de tráfico, desde el discurso descriptivo podremos decir: "hoy he presenciado un accidente que podría haberle pasado a cualquiera". En el otro extremo se halla el discurso narrativo, en él lo importante no serán los hechos, "el qué" de la razón, sino más bien el sentido de las cosas. Y si presenciáramos el mismo accidente de tráfico el discurso sería: "Hoy he presenciado un accidente, ¿por qué le habrá ocurrido a esta persona?". El sentido que busca el discurso narrativo no es compatible con las casualidades ni con el azar, ya que la misma noción de sentido excluye las otras dos. Desde esta perspectiva (aunque dejando a un lado los postulados de Morey) los mitos no son otra cosa que modelos o guías de los que cada hombre puede extraer una narración que dé sentido a su vida.

Por ello los mitos se configuran como un punto de referencia vital para entender qué es ser humano.

2. Los mitos y las leyendas en la configuración de la identidad

Dado que la intención es mostrar cómo se puede dibujar un "mapa" del ser humano, de la forma que tiene de comprenderse a sí mismo a partir del conocimiento de las criaturas que él mismo imagina o crea, el estudio del mito es fundamental. Numerosos antropólogos y pensadores han estudiado la influencia de los mitos en las distintas culturas y casi todos coinciden en la importancia que estos tienen en la configuración cultural. No es mi intención por tanto realizar un nuevo estudio sobre los mitos sino recoger algunos de los puntos necesarios para dar mayor claridad a este trabajo.

Es posible encontrar muchas otras narraciones que realizan funciones parecidas a la mítica, sin embargo ninguna de ellas posee una cualidad que resulta en extremo interesante y es que el mito se encuentra en un momento anterior a cualquier otra narración. Son la primera narración a la que recurre el hombre.

De forma pormenorizada el mito, como lo entienden Tolkien y Lewis, posee varias cualidades que le hacen único. Para concretar mejor qué entienden ambos autores por mito, Lewis (1982), enumera seis puntos (pp. 35-36) que resumiré a continuación:

La narración mítica es *extraliteraria*: esto es que no importa la forma literaria en que están escritos sino su contenido. Esta característica se muestra evidente cuando se observa que un mismo mito, escrito con distintos estilos literarios, suscita el mismo interés, mientras que no ocurre lo mismo con otras narraciones, en las que es fundamental la forma literaria en que están escritos. Los mitos no interesan por sus aspectos poéticos, aunque algunos estudiosos puedan encontrar interesante el estudio de la forma en que se escriben los mitos. Lo que atrae de los mitos es "lo que dicen" las verdades que subyacen en el texto. De esta primera característica se desprende fácilmente la segunda.

El *placer* que se experimenta al leer un mito no depende de los recursos narrativos empleados al escribirlo, de forma que el mito complace al ser leído por la historia en sí y no por el suspense o la sorpresa que pueda suscitar. Es evidente que si lo importante del mito está en "lo que dicen" y no en cómo lo dicen su *eros* no puede estar en la forma de escribirlo. Cuando leemos un canto de la Ilíada no esperamos sorprendernos, de hecho la forma en que está escrito no invita al suspense ni a la intriga, ya que los sucesos que van a acontecer se anuncian repetidas veces. En una novela moderna, o en una película, se busca sorprender al espectador y, muchas veces, una vez que se conoce el desenlace la historia pierde gran parte del atractivo.

En los mitos no ocurre esto. Podemos conocer la historia de principio a fin y seguir teniendo el mismo atractivo que al principio. Su valor reside en las verdades que transmite y no en la forma de transmitirlo, ya sean cantos, poemas, prosa...

El mito siempre es *fantástico*, es decir posee elementos imposibles o sobrenaturales, es importante señalar que la acepción de "fantástico" tiene una gran importancia para Lewis y Tolkien de forma que será necesario volver sobre ella. Baste decir por ahora que la fantasía se observa como complemento indispensable, y no como contraria, a la razón. Desde siempre la fantasía ha provisto al hombre de un gran poder, en palabras de Tolkien:

> [...] podemos poner un verde horrendo en el rostro de un hombre y obtener un monstruo; podemos hacer que brille una extraña y temible luna azul; o podemos hacer que los bosques se pueblen de hojas de plata y que los carneros se cubran de vellocinos de oro; y podemos poner ardiente fuego en el vientre helado de un saurio. Y con tal "fantasía", que así se la denomina, se crean nuevas formas. Es el inicio de Fantasía. El hombre se convierte en sub-creador. (Tolkien, 2002b, p. 150)

Los mitos siempre son *serios* ya que de otro modo no podrían transmitir las experiencias (sean estas de la naturaleza que sea). El mito es más que un relato, es algo que trasciende las palabras, mientras que lo cómico impide esta caracterización.

Las experiencias que transmiten los mitos suscitan un pavor reverencial, como se explica en el siguiente punto, debido a que el lector siente ese algo trascendental que se esconde tras las palabras, ya que, como defiende Lewis "el mito es el istmo que conecta el mundo peninsular del pensamiento con el gran continente al que realmente pertenecemos. No es, como la verdad, abstracto, ni está, como la experiencia inmediata, atado a algo particular" (Lewis, C.S. 1997b, p.58). En otras palabras, el mito no se enmarca en el campo de la razón, ni tampoco es una respuesta a cuestiones particulares. Más bien se trata de un modo de conocimiento intermedio, entre ambas. En el mito se esconden experiencias fundamentales para la vida humana, sin embargo resulta muy difícil, cuando no imposible, objetivarlas y concretarlas empleando únicamente la razón.

Un concepto similar es defendido por Giambattista Vico cuando habla de la verdad transmitida por la poesía. Tal y como defiende Negre en su tesis doctoral sobre Vico "La fantasía operaba como una facultad creadora de las imágenes de las cosas, y la sabiduría de aquellos primeros hombres (primitivos) [...]" y continúa "Los primitivos eran poetas, creadores, y donde hay creación humana hay belleza, hay verdad, hay bondad, frutos manifiestos de la 'generosidad' del espíritu" (Negre, M. 1985, p. 319). Respecto al mito continúa Negre, recogiendo las ideas de Vico, sostiene que la verdad del mito no es una verdad especulativa sino poética, es decir creadora (Negre, M. 1985, p. 373). Lo que conduce a una cuestión realmente interesante y es que aunque la facultad de la fantasía, y la imaginación que nutren el mito no poseen el mismo tipo de verdad que la filosofía sí que llegan, por un camino distinto, a reflexiones que posibilitan el camino de la filosofía. Esta es una idea recurrente en su tesis y que podría resumirse con las palabras: "La expresión mítica le va dando al hombre una totalidad de sentido acerca de lo que él y el mundo son." (Negre, M. 1985, p. 374).

Del ensayo de Lewis (1997b) se sigue que las experiencias que transmiten los mitos suscitan un temor *reverencial* debido a que el lector siente ese algo trascendental que se esconde tras las palabras. O, dicho de otra forma, el mito no se enmarca en el campo de la razón, ni tampoco son respuestas a cuestiones particulares. Más bien se trata de un modo de conocimiento intermedio, entre ambas. En el mito se esconden experiencias fundamentales para la vida humana, sin embargo resulta muy difícil, cuando no imposible, objetivarlas y concretarlas empleando únicamente la razón.

Quizá la cualidad más interesante y que ya he mencionado sea esta última. En los mitos, no predomina la *identificación* del lector con los personajes. Esto es que aunque podamos llegar a sentir simpatía o pena por el protagonista, él no es el verdadero punto central de la historia. Lewis emplea el mito de Orfeo como ejemplo: Cuando la esposa de Orfeo murió, éste descendió al país de los muertos para intentar rescatarla. Orfeo empleó su arte con el arpa para convencer a los dioses de que le permitiesen llevársela. Estos accedieron a sus súplicas con la única condición de que él no la mirase hasta salir del dominio de la muerte. Sin embargo Orfeo no pudo contenerse y antes de salir de las tierras de los muertos la miró y la perdió para siempre.

En "crítica literaria: Un experimento" Lewis afirma que no se produce identificación del lector con el protagonista del mito ya que: "La historia de Orfeo nos entristece, pero sentimos pena por todos los hombres en lugar de apiadarnos intensamente de él" (Lewis, C.S. 1982, p.36). Otro de los motivos por los que Lewis niega que se produzca esa identificación es porque estos seres mitológicos sólo "son espectros que se mueven en otro mundo. Sin duda sentimos que sus evoluciones tienen una importancia profunda para nuestras vidas, pero no nos transportamos con la imaginación hacia las suyas" (Lewis, C.S. 1982, p.36). La identificación no llega a darse porque pese a que el lector entiende que algo trascendental le está ocurriendo al personaje de la historia, no es el propio personaje lo realmente fundamental del relato sino los símbolos (en el más amplio sentido de la palabra) que configuran dicho relato y que, son productos del ser humano.

Que no exista identificación significativa con los personajes de un mito es, quizá, el punto de vista más difícil de compartir, sobre todo cuando acudimos a mitos en los que el protagonista resulta ser un ser muy "humano" como en el caso de Ulises en la Odisea. La respuesta a esta dificultad no es sencilla y el propio Lewis no considera a la Odisea como uno de los grandes mitos sino más bien como una buena historia. El por qué de esta distinción puede entenderse mejor si se contrastan los escritos de Lewis con los del profesor Tolkien.

Las ideas que expone Tolkien en sus ensayos siguen una línea parecida a las ya expuestas, sin embargo para aclarar el concepto de la identificación Tolkien acude a un viejo mito nórdico, el del romance del dios Freyr con la giganta Gerd:

> Cuentan los viejos poemas que los dioses y los gigantes eran enemigos desde tiempos inmemoriales y siempre estaban combatiendo. Las fuerzas

estaban muy igualadas, la enemistad provenía desde el principio de los tiempos y perduraría hasta el día del Ragnarock. Sin embargo el dios de la fertilidad Frey[2] subió un día al trono de Odin, señor de los dioses desde el cual puede atisbarse cualquier lugar del mundo y desde allí ve a lo lejos a la hermosa gigante Gerd. Frey se enamora perdidamente de ella, sin embargo sabe que la enemistad que separa a sus pueblos será una barrera infranqueable. Finalmente, Frey pese a las adversidades, logra conquistar a Gerd y hacerla su esposa. (Tolkien, 2002b, p. 156)

Como defiende el profesor Tolkien:

Si ningún joven se hubiera enamorado nunca de una muchacha en su primer encuentro casual, ni hubiera topado con viejas enemistades que se interponían entre él y su amada, el dios Frey jamás habría visto a Gerdr, la hija del gigante, desde el alto trono de Odín. (Tolkien, 2002b, p. 156).

Es decir que el mito es, como ya he mencionado con anterioridad, el guión de cada narración individual, pero, al mismo tiempo, es el producto de las narraciones particulares de cada hombre. Y por tanto el valor fundamental del mito no son los propios personajes, ya que el mito lo conforman todos los hombres que antes que Freyr se enamoraron a primera vista, por lo que no es necesaria la identificación con ellos. Lo fundamental es el que exista algo así como "el amor a primera vista" que es lo que conforma el núcleo central de la narración.

Tanto Tolkien en *El señor de los anillos* como Lewis en la *Trilogía Ransom*, recurren a la narración fantástica para explicar lo que es el ser humano, esto se debe a que como el propio Tolkien afirma en su ensayo:

La fantasía es una actividad connatural al hombre. Claro está que ni destruye ni ofende a la razón. Y tampoco inhibe nuestra búsqueda ni empaña nuestra percepción de las verdades científicas. Al contrario. Cuanto más aguda y más clara sea la razón, más cerca se encontrará de la fantasía. [...] Porque la fantasía creativa se basa en el amargo reconocimiento de que las

---

[2] Dependiendo de la traducción de las Eddas que se emplee los nombres de cambian, así pues puede encontrarse "Frey" y "Freyr" para el dios de la fertilidad y "Gerd o Gerdr" para la gigante de la que éste se enamora. En el texto recogido del ensayo de Tolkien he respetado los nombres que él emplea.

cosas del mundo son tal cual se muestran bajo el sol; en el reconocimiento
de una realidad, pero no en la esclavitud a ella. (Tolkien, 2002b, p. 176).

El mito y la narración fantástica permiten al hombre explicar ideas que,
de otra forma, serían esquivas y se ocultarían de la mera explicación racional. De hecho, la fantasía y la imaginación nos permiten reflexionar
sobre cuestiones y problemas hipotéticos que de otra forma sólo serían
tratados de forma superficial. Es necesario reconocer, por mencionar un
único ejemplo, la fructífera reflexión que la ciencia-ficción y la fantasía
han aportado al debate actual sobre la clonación e inteligencia artificial.
La agudeza de muchos de los planteamientos, su previsión y la fuerza que
poseen no puede ser fácilmente igualada por el razonamiento deductivo.

La fantasía se presenta por tanto como una vía única para combatir la
principal carencia del razonamiento científico, esto es, la visión sesgada
que ya he mencionado. Gracias a la imaginación y a la creación fantástica
el hombre enriquece y madura sus reflexiones y sus puntos de vista.

Así pues, la razón y el mito no serían tan divergentes como la antigua
fábula sobre el paso del mito al logos quiere mostrar.

Esta fábula, que se forjó en la ilustración y perdura hasta nuestros días,
dibuja la escena de una razón que, tras numerosas dificultades, logra libe-
rarse del yugo del mito relegándolo a mera superstición. Tolkien y Lewis,
al igual que Gadamer, atacan esta narración ilustrada sobre el paso del mito
al logos:

> La imposibilidad de cumplir esta exigencia, la de reconocer todo lo real
> como racional, significa el fin de la metafísica occidental y conduce a una
> devaluación de la razón misma. [...] La razón que relega al mito al ámbito
> no vinculante de la imaginación lúdica se ve expulsada demasiado pronto
> de su posición de mando. (Gadamer, 1997, pp. 19- 20).

Gadamer incluye el mito en lo que él denomina la palabra poética y que
define como abierta a la vez hacia lo verdadero y lo falso, debido a que el
mito es fundamentalmente narrar, y la narración es algo abierto e infinito,
de modo que la verdad se empareja en el mito con la libertad de imaginar.
Por tanto la verdad del mito no se halla dominada por la diferencia entre
lo verdadero y lo falso; y en consecuencia la filosofía, o la reflexión occidental si se prefiere, no puede quedarse estancada únicamente en la razón,

o en palabras del profesor Arregui (1994) "la filosofía acontece, siempre y en cada momento como un paso del mitos al logos" es decir, se constituye como un saber narrativo y "no puede consumarse como un saber absoluto." (p.116)

La filosofía, o el pensamiento en términos más generales, requieren del paso imaginativo, de la creación inicial para impulsarse y continuar avanzando. Tal es la importancia del proceso imaginativo que podría compararse con el combustible del avance humano.

De la misma forma podríamos comparar (de forma general) el producto de la creación fantástica (o de la ciencia ficción) como una buena reflexión crítica a los productos de la ciencia.

Se hace necesario, en este punto, hacer una pequeña aclaración a este respecto. Como en todas las disciplinas artísticas, en la creación fantástica (tanto en la poesía, como en la prosa o en el lenguaje audiovisual) existen productos (libros, películas...) de distinta calidad y perspectiva, eso significa que aunque podamos hablar, en rasgos generales, de la producción fantástica como una buena reflexión para el ámbito científico esto no excluye la creación fantástica meramente lúdica y que sólo tiene por objeto el placer estético en cualquiera de sus ámbitos. Pese a esta salvedad podemos afirmar que la fantasía es, con diferencia, una de las mejores vías para reflexionar y enriquecer la razón científica.

Retomando las ideas anteriores, tanto la de Gadamer como la de Tolkien sobre el mito y su valor cognoscitivo obtenemos una imagen completamente distinta de la comúnmente aceptada. El mito, en su amplia acepción, no es por tanto un paso previo para la razón, sino que más bien el mito ya es logos, pues, como recoge Lewis al hablar del mito:

> Sin duda esa historia sólo puede llegarnos a través de palabras. Pero esto es accidental, en el sentido lógico. Si existiera alguna mímica perfeccionada, algún filme mudo o alguna serie de imágenes capaces de explicarla sin recurrir en ningún momento a la palabra, seguiría afectándonos de la misma manera." (Lewis, 1982, p. 34).

Es por ello que el valor fundamental del mito no depende de su forma literaria. Si el mito no fuese más que un mero "cuento" sólo nos parecería atractivo por las palabras con que está escrito, sin embargo, afirma Lewis el mito se revela como "objeto de inagotable contemplación" (Lewis, C.S. 1982, p. 35) debido a las cuestiones morales o metafísicas a las que alude.

Todo lo dicho hasta ahora se puede sintetizar en que en el mito se capta la realidad, no la verdad, pues como defiende el profesor Lewis "la verdad es siempre verdad de algo, pero la realidad es aquello de lo que la verdad es verdad" (Lewis, C.S. 1997b, p. 58). Un mito no es una verdad pura y cristalina que pueda usarse para explicar algo. En todo caso el mito es ese algo del que parten numerosas verdades. En otras palabras, tras el mito se esconden las realidades últimas a las que la razón hace referencia. Esto se debe a que el mito es narración, una narración que a diferencia de la verdad desnuda, nos permite capturar el sentido de las cosas. O, como concluye Lewis "El mito es la montaña de donde provienen los diferentes ríos que se convierten en verdades abajo en el valle." (Lewis, C.S. 1997b, p. 58)

Los mitos son una narración, y como tal poseen "distensión temporal", esto es, que están formados por una sucesión de hechos significativos. Este aspecto característico es el que convierte a la narración en general, y a los mitos en particular en una herramienta privilegiada para la autocomprensión. O, dicho de otra forma, debido a que los seres humanos no se entienden a sí mismos (o se conceptualizan) como estáticos en el tiempo, sino que poseen distensión temporal, la narración es el vehículo perfecto para ayudar a entender lo que los humanos son pues al igual que ellos puede formular las realidades de forma distendida en el tiempo. O, como afirma el profesor Arregui siguiendo las ideas de Dilthey: "Lo que el hombre es, sólo su historia nos lo dice, y la historia está siempre inacabada." (Arregui, J.V. 1988, p. 113).

La narración fantástica, como forma menor del mito, comparte muchas de sus cualidades, ya que, también pertenece al ámbito de la creación imaginativa y por tanto se sitúa en una posición de vital importancia junto a la razón. Y por tanto, siguiendo al profesor Arregui "la verdad no es en consecuencia conquista exclusiva de la razón teórica o de la reflexión filosófica: [que] son siempre posteriores a la configuración y ordenación imaginativas del mundo" (Arregui, J.V. 1994, p. 124). A esta característica se puede añadir que la capacidad imaginativa convierte al hombre en un "sub-creador" cuya mayor obra es dotar de sentido el mundo en el que se halla. Tolkien definía la fantasía como el arte en estado puro ya que es el motor de la actividad creativa, y cito:

> Crear un Mundo Secundario en el que un sol verde resulte admisible, imponiendo una Creencia Secundaria, ha de requerir con toda certeza esfuerzo e intelecto, y ha de exigir una habilidad especial, algo así como la destreza élfica. Pocos se atreven con tareas tan arriesgadas. Pero cuando se intentan y se alcanzan, nos encontramos ante un raro logro del Arte: auténtico arte narrativo, fabulación en su estado primario y más puro." (Tolkien, 2002b, p. 171).

Por tanto queda de manifiesto que el hombre no sólo posee la imaginación necesaria para crear nuevos mundos sino que además tiene el intelecto necesario para dotarlos de una coherencia interna y estos dos elementos unidos en el arte son la esencia del arte narrativo.

Así pues, tras delimitar el campo cognoscitivo en que tanto la fantasía como el mito habitan, resulta comprensible que tanto Tolkien como Lewis empleen ambas en sus obras literarias, reflejando aspectos de la realidad que de otra forma hubiera sido imposible.

La compleja mitología tolkiniana abarca preguntas tradicionales que ya aparecen en otras mitologías más antiguas como la muerte, el amor o el bien y el mal; a la vez que recoge otras nuevas como el progreso incontrolado encarnado en la figura del mago Saruman. De esta forma Tolkien muestra la angustia que el hombre siente hacia la muerte creando una raza de seres inmortales, los elfos o personifica la lucha del bien y el mal en Sauron, el señor oscuro frente a Frodo, un pequeño hobbit, y sus amigos.

Lewis por su parte recoge temas similares en su "Trilogía Ransom" en la que habla de espíritus etéreos e invisibles fuera de nuestro planeta que también viven eternamente y simboliza el progreso incontrolado en el afán de algunos hombres por convertirse en máquinas y dejar de ser humanos. Quizá sea este uno de los motivos por los que, en ésta época en la que la razón continúa enarbolándose como sinónimo de verdad absoluta, esta se muestre incapaz de satisfacer la necesidad humana de comprenderse, mientras que la literatura, y en especial la narración fantástica, se presenta como el camino más eficaz hacia nosotros mismos.

Montserrat Negre, en su tesis sobre Giambattista Vico escribe:

Los mitos constituyen documentos históricos válidos para el reconocimiento del pasado humano, quizá de un modo más clarificador que el estudio de la historia romana, a la que Vico dedica bastantes páginas. Las narraciones míticas vienen a ser una manera de mostrar, desde la prerreflexión, una serie de sucesos reales que constituyen la clave para interpretar qué es el hombre y cómo se configura la sociedad. Vico armoniza además estos relatos con sus conocimientos históricos y jurídicos." (Negre, M. 1986, p.160)

En concreto sobre el mito, Negre, revela que una la lectura atenta de los escritos de Vico nos descubre que la relación entre estas narraciones y la imagen que el hombre tiene de sí mismo es muy estrecha.

El conjunto de narraciones míticas no se debe a una serie de autores determinados, sino que en ellas confluyen toda una colectividad. La poiesis mítica es, por consiguiente, obra de diversos grupos humanos, que van perfilando poco a poco las narraciones, de modo que pasan a ser patrimonio de una colectividad, y que los hombres creen en esos relatos porque actúa en ellos el sensus communis, que dota de realidad sus contenidos al convenir en la peculiar certeza de este sentido. (Negre, M. 1986, p. 160)

En los mitos encontramos respuestas a preguntas generales y no a problemas o cuestiones particulares, precisamente por eso son tan relevantes.

Otra cuestión relevante es observar la temática de los mitos, cuáles son las cuestiones que estos tratan. Los sistemas mitológicos recorren habitualmente un variado, aunque limitado, elenco de problemas que pueden resumirse en cincos: los orígenes, el destino, el bien y el mal, la muerte y el amor. Para estudiarlos uno por uno de forma más concreta resulta útil escoger un sistema mitológico concreto, en este caso la mitología creada por el profesor Tolkien puede ser de suma utilidad, ya que reúne todas las temáticas en una narración que apela directamente a nuestra mentalidad moderna.

En cuanto a los *Orígenes* la narración mitológica se retrotrae a un tiempo primordial, al inicio del mundo. Salustio, citado por Duch, dice que: "El mito habla de aquello que nunca ha sucedido pero que, sin embargo, siempre está presente en el fondo de la conciencia." (Duch, L. 1998, p. 84). Es decir, el mito trata el origen del mundo como una historia distante, lejana, y cuya mayor utilidad es entender mejor el sentido de dicho mundo en el momento presente. No es extraño hablar de los mitos como analogías o metáforas de la realidad. Sin embargo, un mito sobre el origen no pretende ser una buena metáfora del verdadero origen del mundo. El caso de la mitología Tolkiniana es un buen ejemplo de ello. El origen de la Tierra Media (el mundo) es un tema musical interpretado por los poderes intermedios (Valars) y compuesto por un dios único (Eru). Esta narración sobre la creación que aparece en el Silmarillion no pretende ser una alegoría ni una metáfora, el autor podría simplemente haber relatado punto por punto el origen de su mundo imaginario, como han hecho infinidad de escritores, sin embargo el profesor de Oxford quería escribir una narración mítica que fuera creíble para los habitantes de la Tierra Media. Un relato que hablara del sentido de su universo, como ya he recogido, algo que nunca ha ocurrido pero que siempre está presente. Describir el mundo como un tema musical en el que cada nota tiene su función dentro de la canción es eso. Hablar del sentido del universo mediante una narración ficticia que no tuvo porqué ocurrir nunca pero que proporciona respuestas a las preguntas de aquellos que pueblan el mundo.

Otra de las cuestiones fundamentales tratadas en las narraciones mitológicas es el *bien y el mal*. Citando a Odero: "Los mitos reproducen acciones humanas, por eso contienen indudablemente una moral porque su objeto inmediato son acciones (praxis) de los hombres que buscan su felicidad." (Odero, J.M. 1987, p. 68). En este mismo estudio Odero extrae de las cartas escritas por el profesor Tolkien su consideración de que "todo mito es necesariamente antropomórfico" (Ibid, p. 69) ya que es invención humana y por ello la lucha entre el bien y el mal es parte integrante de gran parte de las narraciones mitológicas.

En la mitología creada por él mismo, Tolkien emplea la lucha entre el bien y el mal como hilo conductor de la historia. En el principio, antes incluso de la creación del mundo (Arda), Melkor uno de los poderes intermedios (valar) trata de interpretar en solitario el tema musical compuesto por el dios único (Eru). Debido a ese egoísmo el valar se revelará contra sus hermanos y su creador y acabará convirtiéndose en anatema de todo lo que es bueno, en el adversario, el enemigo oscuro.

La lucha contra el mal en los mitos sirve para ejemplificar la moral y los valores de los pueblos. Es más, ayuda de una forma positiva a discernir el mal del bien. Por ello la lucha de cualquier héroe mitológico es, en definitiva, la lucha de su propio pueblo contra aquello que ellos mismos consideran deleznable.

La *muerte* es una de las figuras importantes en la mitología. Buscar una narración que dote de sentido el fin de la propia existencia es una tarea común a todas las culturas.

Ante la pregunta incontestable de la muerte los mitos hablan de seres inmortales o de artefactos capaces de otorgar la vida eterna. Así como de la recompensa o el lugar que espera tras las puertas de la muerte.

En la mitología creada por Tolkien la muerte adquiere un papel central más importante incluso que el poder. Él mismo reconocía que la muerte es el tema fundamental de toda su obra. Citando a Odero: "El mensaje principal de los mitos tolkinianos es que la muerte no es pura negatividad" (Odero, J.M. 1987, p. 64).

El pueblo de los elfos (seres inmortales) sirve para ejemplificar las palabras de Odero. Tal y como recoge Carpenter de una de las cartas de Tolkien, los humanos ansían la vida eterna, emular a los elfos, sin embargo, estos sufren la "angustia en los corazones de una raza 'condenada' a no partir en tanto su entera historia no se haya completado." (Carpenter, H. 2002, p. 289).

Las narraciones que componen la mitología de Tolkien están repletas de humanos que buscan desesperadamente una alternativa a la muerte (como los nazgul, los espectros del anillo, hombres condenados a servir al anillo más allá de la vida natural), todos aquellos que logran escapar de la mortalidad acaban encadenados al mundo y a su cíclico discurrir perdiendo la posibilidad de alcanzar la felicidad en el proceso.

Las últimas palabras de Aragorn, antes de morir, recogidas por el profesor Tolkien sirven de clave para entender mejor el papel de la muerte en su mitología: "Con tristeza hemos de separarnos, más no con desesperación. ¡Mira! No estamos sujetos para siempre a los confines del mundo, y del otro lado hay algo más que recuerdos. ¡Adios!" (Tolkien, J.R.R. 2002c, p. 58).

Al igual que ocurre con la muerte el *amor* es otro tema recurrente en los mitos. Como ya he mencionado la narración mitológica refleja las acciones humanas, en especial aquellas que dotamos de gran significado. El amor, en todas sus facetas (imposible, no correspondido, a primera vista...) es tratado en la mitología con el fin de encontrar un sentido a algo tan pasional como es el sentimiento del amor.

En la mitología de Tolkien el relato de amor por antonomasia es la relación imposible entre el mortal Beren y la elfa Lucien. Este amor que acaba en tragedia sirve de marco referencial para las relaciones entre los dos pueblos, el mortal y el inmortal. En concreto, en la historia de El señor de los anillos, encontramos un caso particular de este mito, la relación entre Aragorn, rey de los hombres y Arwen una princesa elfa. Durante todo el relato podemos ver como el mito de Beren y Lucien afecta la relación de la pareja y sirve de referencia cultural para la relación de ambos.

La cuestión del *destino* debe ser tratada de forma especial. Por un lado se halla el destino individual, algo muy ligado a la pregunta por la muerte que ya se ha visto. Por otro se encuentra el destino como final, como "fin de los tiempos" para el mundo.

El destino como final del mundo está íntimamente relacionado con el mito del origen y, quizá debido a ello, es habitual que muchos mitos reúnan el comienzo y el final en un mismo instante perteneciente a una historia cíclica.

La mitología creada por Tolkien no habla realmente de un final para el mundo de la Tierra Media. La interpretación general (la que da el propio Tolkien) es que la cuarta edad, marcada por la muerte de Sauron, es la edad de los hombres, los albores de nuestro propio tiempo y por lo tanto está en nuestras manos darle un final.

En cuanto al concepto de destino individual, el denominado destino de los héroes, no tiene una presencia fuerte en los mitos de la Tierra Media. Aunque las escasas predicciones y profecías se cumplen de forma más o menos fiel, los héroes de las canciones y cuentos son dueños de sus acciones (a diferencia de muchos héroes griegos) y tiene libertad para abandonar sus gestas. En los mitos creados por Tolkien el destino queda relegado ante la voluntad de los héroes.

3. LA NARRACIÓN FANTÁSTICA Y LA IMAGINACIÓN DEL HOMBRE. LA CREACIÓN DE LO NO-HUMANO

Aunque a todos los efectos los mitos son narraciones fantásticas y, en muchas ocasiones se pueden usar como sinónimos, lo cierto es que no todas las narraciones fantásticas son mitos. Por ello resulta interesante hacer una pequeña parada para observar con detenimiento las cuestiones particulares referentes a estas narraciones. Siguiendo en la línea inicial de estudio, es decir, examinando a los monstruos con el fin de entendernos mejor a nosotros mismos, no sólo es obligatorio detenernos en los mitos, hábitat natural para estas criaturas, sino que también es imprescindible observar detenidamente un extraordinario territorio de la naturaleza humana, la fantasía.

La narración fantástica abarca, desde siempre, numerosos ámbitos del arte. La principal, por supuesto es la literatura, aunque también hay narración fantástica en la escultura y en la pintura, así como en la ópera, en el teatro y muy asiduamente en el cine.

Esta fuerte conexión con la cultura pone de manifiesto su importancia a la hora de estudiar la naturaleza humana y, en concreto en este estudio, de observar cómo un producto de la creación fantástica, los monstruos, sirven a la hora de delimitar la concepción que tenemos de nosotros mismos.

Giambattista Vico, ya en 1710, nos decía sobre la fantasía que: "es una facultad certísima, pues mientras la usamos fingimos en nosotros las imágenes de las cosas." (Vico, G.B. 1999-2000. p. 474).

De esta forma Vico sitúa la fantasía al mismo nivel cualitativo que la memoria o el intelecto. Siguiendo la interpretación que Negre hace de Vico, la fantasía, al construir imágenes de cosas, cumple una función representativa. Es decir la fantasía (y la imaginación) crean representaciones partiendo del mundo objetivo, de lo real.

Podría por lo tanto deducirse que, si la fantasía crea representaciones a partir del mundo real, las criaturas fantásticas como ogros, minotauros, centauros o dragones que producidos por dicha facultad son, de alguna forma, representaciones de nuestra realidad. Objetos fantásticos que se relacionan de alguna forma con otros objetos reales.

Es decir, si no hubiese existido nunca un hombre más alto que otro, ningún escritor o trovador habría imaginado jamás un gigante. O si no hubiese habido toros y hombres nadie podría haber imaginado un minotauro. Lo cierto es que todas estas criaturas fantásticas tienen un correlato en el mundo real: el hombre.

De la misma forma en que estas criaturas nos sirven para delimitarnos y averiguar nuestro lugar en el mundo, es claro que son representaciones del ser humano en esos mundos fantásticos. Existen los trasgos[3] porque hay maldad en el mundo de los hombres, si no fuese así no tendrían sentido de ser.

La narración fantástica establece una doble vía de entendimiento, por un lado los monstruos sirven para delimitar el concepto de lo que es humano. Por otro los monstruos de los cuentos de hadas son producidos por la función representativa de la fantasía.

Este razonamiento es similar al que realizan el profesor Tolkien y C.S. Lewis cuando estudian la narración fantástica. Los dos escritores hacen una sólida defensa de la fantasía como forma creativa y de autocomprensión. De hecho Tolkien la califica como la más elevada expresión del arte, en tanto que la fantasía permite una extrañación, la única vía de escape hacia lo irreal aunque verosímil.

Así pues, contrariamente a la argumentación popularmente aceptada de que la fantasía destruye la razón o el deseo de verdad científica el profesor Tolkien escribe: "Al contrario: cuanto más aguda y clara sea la razón mejores fantasías producirá" (Tolkien, J.R.R. 2002b, p. 176).

La característica distintiva de los cuentos de hadas, usando la terminología de Odero al hablar de la narración fantástica, no es sencillamente el empleo de seres fantásticos o criaturas monstruosas. Y siguiendo a la crítica que hace el profesor Tolkien, en el mismo ensayo, no se puede reducir la

---

[3] Pequeños duendes malvados que hacen fechorías y bromas pesadas. En los cuentos populares y leyendas nórdicas se limitan al ámbito doméstico, en otras son malvados espíritus del bosque.

fantasía meramente "al poder de otorgar a las criaturas de ficción la consistencia interna de la realidad." (Tolkien, J.R.R. 2002b, p. 169).

La creación fantástica trata sobre verdades fundamentales que preocupan al hombre y por lo tanto aunque la temática concreta de estas historias no sea verdadera las cuestiones fundamentales a las que alude sí lo son.

De la igual forma si observamos las criaturas no humanas que aparecen en los cuentos de hadas cumplen una función similar a los monstruos de los mitos.

Las criaturas fantásticas sirven de contrapunto al héroe (que en muchas ocasiones es humano), como contrapunto y como límite. Los monstruos de los cuentos de hadas son creadas por un autor humano siendo un reflejo de las mismas verdades y cuestiones fundamentales que la narración fantástica en general y, de igual forma que la narración no es verdadera en sentido literal, estas criaturas aluden a los fundamentos básicos de la esencia humana. Creamos seres increíblemente longevos, como los elfos en el Señor de los Anillos, por que el hombre es un ser mortal o creamos animales parlantes como en las Crónicas de Narnia porque tenemos una necesidad básica de comunicarnos.

Por tanto se puede concluir que las criaturas no humanas de la narración fantástica son similares, en cuanto a su función delimitadora, a las criaturas monstruosas que aparecen en los mitos y leyendas.

4. EL CARÁCTER NATURAL DE LA POLIS.
EL SER HUMANO Y LO DESCONOCIDO

Siguiendo los principios recogidos por Aristóteles el hombre se define, entre otras cosas, como animal político, esto es, un animal que vivía en la polis, en sociedad. Fuera de la polis el hombre no puede realizarse como tal, en palabras del filósofo griego, fuera de ella sólo pueden encontrarse los monstruos o los dioses. En este estudio esta afirmación particular resulta especialmente reveladora ya que nos indica la forma en que un pensador griego de la magnitud de Aristóteles delimita claramente lo que es ser hombre.

Resulta bastante claro que un cíclope o una sirena no son seres humanos: son monstruos, seres que viven fuera de la sociedad, lejos de la polis y que sólo pueden ser encontrados en los viajes lejos de la civilización. Según Claude Kappler los monstruos de la antigüedad son otra forma de concebir la creación, pertenecen a una época en que "el hombre se descubría a través de los mitos porque no podía hacerlo a través de dios." (Kappler, C. 1986, p. 132). Y ciertamente los monstruos sirven de barrera limítrofe, en el caso de la antigüedad de límite inferior (los monstruos se sitúan por debajo de la condición humana en términos generales). Los dioses y los héroes serían la barrera limítrofe superior, los héroes pueden ser humanos o semi-humanos, como recogeré más tarde, y los dioses están definitivamente por encima de la condición humana.

Ahora bien, fuera de la polis –más allá incluso, fuera de la civilización– podemos encontrar también humanos, seres semejantes a los ciudadanos aunque sin el valor moral que poseen estos últimos. A estos seres, todos aquellos hombres que, en contraposición a la civilización, surgían fuera de la polis se les denominaba bárbaros. Higinio Marín, en *la invención de lo humano* define la barbarie como:

> [...] estar poseído por una medida extraña y distinta de la medida en la que la comunidad se reconoce y realiza como tal. Ese canon puede ser

arquetípico y expresarse en las proezas y la vida de los héroes, pero puede también objetivarse con la forma de la ley y las costumbres [...]. (Marín, H. 1997, p. 152).

Esta definición proporciona dos puntos importantes de estudio y discusión. Por una parte, que la barbarie es todo aquello que se encuentra fuera de la polis, fuera de la comunidad establecida. Así pues, denominamos "bárbaros" a todos aquellos cuya medida no encaja con nuestros cánones y, que en cierta forma se consideran dentro de esa zona difusa y limítrofe que hemos dado en llamar monstruoso, ya que, pese a estar hablando de seres humanos los antiguos no podían incluirlos dentro de la misma categoría que el hombre, propiamente. Esta distinción es importante porque más tarde, durante el medievo e incluso ya entrados en la modernidad, es posible encontrar seres limítrofes, como el hombre salvaje, que, pese a pertenecer a la misma especie que el hombre, no son considerados como tales y, por lo tanto, servirán como elemento definitorio de lo que es ser humano.

Por otro lado, el profesor Marín nos habla del canon de una sociedad. Dicho canon sirve de rasero superior – el máximo común divisor podríamos decir- de una cultura. Quizá la pregunta más obvia es de dónde se obtiene dicha medida. Una de las formas más comunes para reglamentar qué es una sociedad son las leyes y ese es precisamente una de las pautas para establecer el canon. Las leyes surgen como el mínimo exigido a cualquier ciudadano que quiera pertenecer a la polis y por lo tanto como la medida común del hombre civilizado. La otra forma de establecer el molde social es mediante las proezas de los héroes de antaño. Las canciones y leyendas de aquellos que establecieron el arquetipo de lo que es ser ciudadano de la polis por excelencia delimitan, de forma superior a los hombres que pertenecen a esa sociedad.

En Ulises, un arquetipo de la existencia humana, el profesor Choza, alude a que "cuando el saber y el poder establecidos se desequilibran y entran en crisis, cuando el mundo en el que vive el hombre se amplía y sus bordes anteriores se rompen, entonces las fronteras que eran nítidas se difuminan." (Choza, J. & Choza, P. 1996, p. 68). En la actualidad nos encontramos en esa situación. Las leyes naturales establecidas dentro de la polis (de la cultura occidental) están en entredicho. Las proezas de los héroes sirven para orientarnos y saber cuál es el ejemplo a seguir. Sin embargo, en este momento, las características que se creían propias del hombre (hablar, pensar) empiezan a ser dominio de otros entes (como las máquinas) aunque sea de una forma muy rudimentaria, casi insignificante. La imaginación del hombre, la fantasía, se adelanta al problema y crea toda una mitología (una cosmología), alrededor de la inteligencia artificial, y de las máquinas en general[4]. Esta creación, esta cosmología, tiene el objetivo de redefinir el "lugar en el mundo" que ostenta el ser humano. Mediante la definición del lugar de los entes que le rodean: animales, máquinas, seres casi humanos... el hombre se delimita a sí mismo, para entenderse mejor, aunque sin llegar a agotarse en la definición (a autoaniquilar la infinidad de posibilidades que posee) con una simple definición de sí mismo.

La idea que hay que destacar es que, tanto en la antigüedad como en la actualidad, la forma en que el hombre se define pasa, de una forma u otra, por la creación de ese mapa, de esa cosmología, a la que apunta el profesor Choza.

---

[4] Tenemos numerosos ejemplos tanto en el cine: Spielberg, S. (Director). (2001). *Inteligencia Artificial* [Película]. Cameron, J. (Director). (1984). *Terminator* [Película]. como en la literatura: Dick, P. K. (2019). *¿Sueñan los androides con ovejas eléctricas?* Barcelona: Ed. Minotauro.

5. El mito del hombre salvaje en la Antigüedad y la Edad Media

En el estudio de lo no-humano, usado como referente para comprendernos a nosotros mismos, hay un caso particular en la edad medieval que merece una mayor atención por su cercanía al propio ser humano, el del hombre salvaje. El hombre salvaje es un caso limítrofe especial debido a que hablamos de un "monstruo" que también es humano. Según Kappler "[...] los hombres salvajes, los hombres peludos o los hombres con rabo constituyen, para la Edad Media, una sola familia, en la cual reina una ambigüedad imposible de eliminar." (Kappler, C. 1986, p. 186). Por regla general, y como lo defiende en su obra, la mayoría de estos seres descritos por los viajeros de la antigüedad eran monos, babuinos o gorilas de diversas razas. Sin embargo, la cuestión fundamental no es el origen de este mito sino su influencia en la construcción del "mapa" de lo humano. El hombre salvaje se define principalmente porque se comporta como una bestia. En la mayoría de los relatos y leyendas se les describe o bien sin ropa y cubiertos de pelo o bien porque tienen costumbres propias de los animales (viven en cuevas, son caníbales, etc...) en parte es un ser mítico y en parte es un ser humano. Su única carencia es moral y cultural, pues es, en esencia simplemente un hombre, la única diferencia es que no pertenece a la sociedad.

El mito del hombre salvaje ha evolucionado a lo largo del tiempo. Podemos encontrar referencias a hombres salvajes en todas las épocas, desde la antigüedad hasta la modernidad, aunque el mito ha ido evolucionando a lo largo de ellas. En principio el hombre salvaje es aquel que o bien ha nacido en la polis y después ha sido expulsada de ella, quedando obligado a vivir salvajemente o por el contrario quien jamás tuvo la posibilidad de vivir en comunidad. En algunos relatos se habla del hombre salvaje como perteneciente a la naturaleza, de una forma similar a como lo hace el hombre civilizado a la sociedad, por ello se le retrata rodeado de faunos y otros seres mitológicos salidos de la naturaleza.

El caso particular del hombre salvaje lleva a muchos pensadores, especialmente a los medievales, a tratar de definir mejor la línea que separa al monstruo del ser humano. Este afán por clarificar los límites es una muestra de la gran importancia que tiene "el otro lado", lo monstruoso y sus fronteras para la comprensión de lo humano. Sólo cuando sabemos con claridad lo que hay fuera de nosotros podemos empezar la tarea de comprendernos mejor.

San Agustín, por ejemplo, preocupado por clasificar la naturaleza de las bestias, lo divino y lo demoniaco y distinguirlo mejor de lo que es humano habla de criaturas "racionales por la mente" (De Hipona, A. 2012, p. 24), y aquellas semejantes al hombre "que, como las bestias tienen cuerpo mortal" (Ibid, p. 60). La frontera que propone el filósofo de Hipona es el lenguaje. La forma de distinguir la naturaleza de una criatura es, en definitiva, su capacidad de razonar.

Por ello el caso del hombre salvaje es tan importante. Por un lado, el hombre salvaje es retratado en la mayoría de las leyendas como un ser racional, por lo que su naturaleza es humana, por otro sus costumbres le alejan completamente del concepto que el hombre medieval tiene de sí mismo.

En definitiva, el hombre salvaje es, como defiende Bartra un "conglomerado de figuras, ideas, metáforas, fábulas y leyendas a lo largo de la historia occidental." (Bartra, R. 1997, p. 11). En esencia este mito trata sobre el comportamiento humano, la relación que el hombre tiene con la naturaleza y su tendencia a vivir en sociedad. El hombre salvaje es aquel que ha dado la espalda a la convivencia, a la polis. Por ello en numerosos grabados[5], relatos y leyendas, encontramos al hombre salvaje como una figura hosca, ermitaña, rodeada sólo de seres no humanos como faunos, ninfas o centauros. Criaturas que al no tener la condición humana, no conllevan la socialización del salvaje y que conforman una curiosa imagen muchas veces representada en la pintura y en los grabados de Durero.

Como ya he mencionado, el hombre salvaje no debe entenderse meramente como un ser humano que se ha criado en la naturaleza, sino como un hombre que está fuera de la cultura, fuera de la civilización y que vive apartado de toda ley moral. Dicho mito evoluciona a lo largo del tiempo,

---

[5] Por ejemplo los grabados de Durero.

desde la edad media hasta el renacimiento (y más tarde en la modernidad) siendo recogido tanto en la pintura como en la poesía y la literatura. A lo largo del tiempo el mito del hombre salvaje evoluciona de la misma forma que lo hace el concepto que el hombre tiene de sí mismo. Esta evolución pone de manifiesto la estrecha relación que hay entre la idea que el hombre tiene de sí mismo y las fronteras que la delimitan. Por ello es sencillo señalar que a través de la evolución del mito del hombre salvaje se puede estudiar mejor el cambio que opera sobre el "mapa" conceptual del propio hombre. Al principio, cuando surge el mito del hombre salvaje su principal función es servir de contrapunto a la vida civilizada y como ejemplo de conducta pecaminosa, poco a poco la imagen del hombre salvaje evoluciona a través del renacimiento y más tarde se crea una imagen mucho más romántica del hombre salvaje dotándole de un mundo silvestre a su disposición y mostrándolo rodeado de familia y criaturas afines. Es éste un hombre que ha logrado retornar a los valores naturales, a la esencia del hombre, pero que por ese motivo no es realmente un hombre.

Roger Bartra, en un artículo de la revista *Ciencias* defiende el uso del pensamiento pre-moderno del hombre salvaje como precursor de la concepción moderna del hombre:

> La historia del salvaje europeo hasta el siglo XVI muestra la asombrosa continuidad de un mito preñado de resonancias modernas. Tal vez lo más notable es la lección que nos da esta suerte de prehistoria del individualismo occidental: la otredad es independiente del conocimiento de los otros. Fue necesario buscar en la historia antigua y medieval los hilos esenciales que bordaron al salvaje en la tela de la imaginación europea. (Bartra, 2009, pp. 88-89).

Esta interpretación viene a subrayar la importancia de las criaturas cuasi humanas a la hora de reinterpretar y definir al hombre. El hombre salvaje es, según Bartra, lo otro (esa otredad) del hombre civilizado, un tú que permite dar conciencia al hombre civilizado. El hecho de que el mito del hombre salvaje haya logrado sobrevivir tanto tiempo, desde el medievo hasta la modernidad, es una muestra de la importancia que la leyenda tiene para la construcción cultural del hombre occidental.

Los hombres salvajes (y frecuentemente las mujeres salvajes) de los romances y leyendas medievales se describen como brutales y amorales.

Asaltan al hombre civilizado cuando este se alejaba de la ciudad. Le atacan y le agreden físicamente debido a esa carencia moral, que no se han criado dentro de los patrones sociales establecidos y por lo tanto extrañan y odian a los hombres civilizados. Este retrato, en el que los salvajes son meras bestias, delimita de forma bastante clara al hombre medieval civilizado. Es decir, dado que el hombre salvaje carece de principios morales y tradición, el hombre medieval se define a sí mismo como hombre civilizado, que ha sido criado dentro de una tradición y al que se le han enseñado los principios morales correctos que ha de seguir.

Poco a poco, a lo largo de los siglos, la figura del hombre salvaje va redibujándose, redefiniéndose, mostrando a un salvaje más en contacto con la naturaleza, más romántico, como en los grabados de Durero, rodeado de faunos y ninfas, amigo de los sátiros y rodeado de una familia. Un hombre en contacto con la naturaleza y que busca la paz del bosque. Así pues, la moral es uno de los puntos más interesantes del mito del hombre salvaje ya que, aun siendo en esencia un hombre, el hombre salvaje siempre tiene una moral distinta a la del civilizado y, cuando en la edad media, el hombre quiere ser un ser civilizado y social, su homólogo salvaje es brutal y amoral. Más tarde cuando el hombre civilizado se siente encorsetado por la moral y las costumbres de la ciudad, el salvaje se muestra como una vía de escape, un ser en contacto con los valores que el hombre civilizado cree haber perdido.

En el punto anterior comentaba la forma en que el hombre está delimitado por un lado por los héroes y dioses y por otra por los monstruos. Si bien mencionaba que el héroe es el límite superior del hombre podría decirse que el hombre salvaje es el límite inferior más cercano ya que, de la misma manera que los héroes son, en esencia humanos, el hombre salvaje también lo es. De esta forma el hombre antiguo y medieval posee un lugar en el universo bien delimitado, aunque no cerrado, que le permite situarse y comprenderse a sí mismo dentro del horizonte cognoscitivo.

Desde luego el hombre salvaje no es, ni mucho menos, la única criatura que puebla la mitología medieval, todo lo contrario, las leyendas están plagadas de criaturas asombrosas e inverosímiles todas ellas dotadas de características peculiares que les son propias: los gigantes poseen gran estatura y fuerza; los duendes son traviesos y los sátiros lujuriosos, etc... Todos cumplen una función que va más allá de su papel narrativo, sirviendo tanto de límite como de reflejo para la raza humana, como ya se ha explicado. Sin embargo los hombres (y mujeres) salvajes son, con diferencia, los más cercanos al concepto del ser humano. Otras criaturas, recogidas en el libro de Claude Kappler, son muy similares al hombre pero con diferencias anatómicas obvias: blemmyas (seres sin cabeza), astomori (sin boca), panotios (seres con grandes orejas), sciapodas (hombres de un solo pie) aparecen en las narraciones de los viajeros (Kappler, C. 1986, pp. 137-145) pero ninguno está tan cerca del ser humano como el hombre salvaje.

La cuestión planteada en este trabajo es saber cuál es el funcionamiento del mecanismo por el cual nos vemos delimitados por todas estas criaturas similares a nosotros aunque distintas al mismo tiempo. Seres que, habitualmente pueblan nuestras leyendas, cuentos y fantasías y que, sin embargo nos son propios de alguna forma. En qué forma estos personajes, que normalmente pertenecen al mundo de la narración (ya sea literaria o, más actualmente, audiovisual) nos permiten configurar nuestra concepción del mundo e incluso de nosotros mismos.

6. Las reformulaciones de la identidad ante el desarrollo de la técnica y la revolución industrial moderna. Del homúnculo de Goethe al Frankenstein M. Shelley

La aparición en la mitología de los hombres artificiales, o de seres parecidos a los humanos creados artificialmente, es antigua. Una de las referencias más antiguas que se conocen es la del golem en la mitología judía. El golem[6] es una estatua de barro a la que se le da vida por medio de la palabra (una fórmula mágica) de forma similar a como dios le infundió la vida al hombre en el génesis. Este ser mitológico podría considerarse como uno de los primeros hombres artificiales, seres que, según la tradición medieval, eran creados para proteger a los judíos frente a las agresiones de otros pueblos. Criaturas que se hayan inacabadas, que no son totalmente humanas, aunque imitan la vida y que, fundamentalmente, han sido creadas por el hombre.

Recurriendo a la literatura encontramos otro importante ejemplo, en el Fausto de Goethe. Durante el segundo acto Wagner, discípulo de Fausto, experimenta con la alquimia para crear vida humana:

WAGNER *(Con ansiedad.)*
Salud al que se presenta tan oportunamente. (En voz baja.)
Procurad retener hasta el aliento porque próxima está a cumplirse la grande obra.
MEFISTÓFELES *(en voz más baja)*
¿De qué se trata?
WAGNER *(en el mismo tono)*

---

[6] La más conocida de las historias del *golem* es la del rabino Juda Löw (1525?-1609) de Praga, del cual se decía que había creado un *golem* para usarlo como su sirviente, pero se vio obligado a destruirlo cuando se volvió incontrolable. Sobre esta historia escribió un hermoso cuento: Singer, I. B. (2011). *Golem, el coloso de barro*. Ed. Noguer y Caralt.

Va a formarse un hombre...

MEFISTÓFELES

¿Un hombre? ¿Luego tenéis una tierna pareja encerrada en vuestra chimenea?

WAGNER

¡Dios me libre de ello! El antiguo modo de engendrar es reconocido por nosotros como una broma. El punto de donde brotaba la vida, la fuerza que se exhalaba de su interior que recibía y transmitía, destinada a alimentarse primero de sustancias próximas, y luego de sustancias extrañas, ha perdido ya desde ahora toda su importancia y toda su dignidad. Si el animal encuentra aún en ello el parecer, el hombre dotado de nobles cualidades debe tener un origen más noble y más puro. (Volviéndose hacia el hornillo.) ¡Ved cómo ya brilla! Preciso es convenir en que si, con la mezcla de cien materias distintas, logramos componer fácilmente la materia humana, encerrarla en un alambique, destilarla debidamente, es innegable que podrá la obra consumase en secreto. (Volviéndose de nuevo hacia la lumbre.) Tratamos de hacer un experimento acerca de los hasta aquí llamados misterios de la naturaleza y de operar por medio de la cristalización lo que ella antes realizaba. (Goethe, 2003, p.84)

En este pasaje de la obra de Goethe se transmite con claridad que el afán por crear vida de forma artificial es algo abominable, maligno. Para remarcar este aspecto el autor hace que Wagner, para crear a un ser humano artificial, emplee la alquimia, esto es, una práctica que se consideraba cercana al satanismo y, además, el homúnculo no germina hasta que Mefistófeles, el diablo, aparece en escena. Como si sólo gracias a la intervención del maligno fuera posible crear vida de forma artificial. Wagner se deja conducir por la idea de que la naturaleza humana, más elevada y digna que la animal, requiere una forma de perpetuarse acorde con su naturaleza.

En la obra de Goethe, Wagner ha de recurrir a la alquimia, una disciplina considerada mágica, pues es la única vía que puede imaginar para crear vida artificial. Narrativamente es mucho más comprensible para los espectadores de la obra (o los lectores) que el descubrimiento provenga de una disciplina esotérica ya que las ciencias conocidas en ese momento no se plantean hacer algo tan diabólico como crear vida de forma artificial. La ciencia es una razón prudente y reflexiva que se contempla como un saber acabado y perfecto, de tal forma que, llegados a un punto, como le ocurre a Fausto, no se puede saber más y hay que salir del saber científico para alcanzar nuevos conocimientos. En este caso la magia.

Podría argumentarse que el autor de Fausto desea promover la reflexión sobre la creación de vida artificial, pero no creo que este sea el caso, más bien Wagner simplemente da vida a algo que no es humano aunque pretenda serlo, y a lo largo del segundo acto, se da por sentado que el homúnculo no es más que una criatura más del variado elenco de criaturas mitológicas que aparecen en la obra. Por lo tanto la intención del autor no parece ser querer fomentar una reflexión sino que da por supuesto que el acto de Wagner es malvado, o diabólico, "per se". Incluso la criatura resultante de tal acto se dirige al diablo con el calificativo familiar de "primo", exponiendo así su parentesco con Mefistófeles. De hecho las palabras que Goethe pone en boca del propio diablo acerca del homúnculo pretenden ser una advertencia sobre las consecuencias del acto de Wagner: "Siempre acabamos por depender de nuestras propias obras" (Goethe, 2003, p. 86). La dependencia que anuncia aquí el diablo es una confidencia al espectador, una advertencia a medias susurrada, que denota el carácter pernicioso para la naturaleza humana del homúnculo.

Esta criatura es, a todos los efectos, un ser humano "embotellado" y malvado por naturaleza. Como ser limítrofe tiene una curiosa relación con el ser humano, ya que ha sido creado a imagen y semejanza de él, como el golem, y además posee raciocinio. Este es un punto de vital importancia pues plantea, quizá por primera vez, la posición del hombre como creador de seres racionales. A partir de aquí el hombre puede empezar a reorganizar su lugar en el mundo en base otro tipo de criaturas, aquellas que sin llegar a ser humanas completamente poseen, en esencia, atributos humanos y cuyo origen está en el propio hombre.

Estas criaturas, productos humanos con inteligencia, serán vitales a la hora de entender mejor la identidad del hombre moderno y post-moderno ya que en la actualidad, el "mapa" conceptual de ser humano necesita delimitarse con seres de este tipo.

En los albores de la modernidad, de la mano de M. Shelley, surge el mito de Frankenstein, quizá una de las obras literarias con más impacto en la reflexión sobre la creación de vida artificial.

A lo largo del presente epígrafe se observa como la figura del humanoide creado por el hombre es una constante en la historia de la humanidad, sin embargo, en la actualidad este mito adquiere una importancia que nunca antes había ostentado.

El texto de Shelley es un cuento de terror de principios del siglo XIX. Es interesante observar como en una época en que la ciencia es adalid de la razón y el progreso, su afán por obtener un poder equiparable al de dios, es visto como algo terrorífico a tener en cuenta.

Podría argumentarse que el personaje del doctor Frankestein investiga disciplinas antiguas para lograr sus propósitos pero, pese a ello, el personaje es, y se ha consolidado a lo largo del tiempo, como un arquetipo de científico. Un médico devorado por un ansia incontrolable de controlar fuerzas que, de forma natural, están fuera del alcance del hombre. Shelley lo pone en palabras del doctor:

> Quien no haya experimentado la irresistible atracción de la ciencia no podrá comprender su tiranía; en otros terrenos es posible avanzar hasta donde lo hicieron quienes nos precedieron y, una vez llegados a este punto, no queda ya nada que aprender; en la investigación científica, por el contrario, siempre existe materia para nuevas maravillas. (Shelley, 1997, p. 76).

En este párrafo Shelley intenta transmitir el ansia, la "tiranía" de la ciencia, que devora al joven doctor Frankestein, su afán por lograr avanzar más, sin importarle demasiado el lugar hacia el que se dirige. Continúa el relato diciendo:

> Es muy difícil formarse una idea clara de la diversidad de sentimientos que, en el primer entusiasmo por el éxito, acicateaban a seguir con fuerza irresistible. La vida y la muerte eran para mí fronteras ideales que era preciso franquear antes de iluminar nuestro tenebroso mundo con un torrente de luz. Una nueva raza me bendeciría como a su creador. ¡Cuantas existencias felices y hermosas me debería la naturaleza! Ningún padre merecería con mayores motivos que yo la gratitud de sus hijos. (Shelley, 1997, pp. 80-81)

Es patente que el único objetivo que se dibuja en la enfebrecida mente del personaje de Frankenstein es la neblinosa idea del poder frente a la muerte, la satisfacción de saber que posee ese conocimiento y puede aplicarlo a su voluntad. Es, volviendo al mismo tema recurrente del golem, un intento de emular a dios, de crear vida a partir de la materia muerta. O, de forma similar a la magia en otras épocas, controlar el mundo que nos rodea mediante la fuerza de voluntad.

El relato, Shelley nos muestra numerosos puntos vitales en la reflexión sobre el hombre artificial y que, hoy día, están en pleno debate. Por una parte, el monstruo de Frankenstein nos pregunta acerca de los deberes, de la responsabilidad, del creador sobre la criatura creada, en palabras del propio monstruo:

> Amo la vida, aunque, probablemente, no sea otra cosa que una sucesión de pesares, y estoy dispuesto a defenderla. Recordad que me hicisteis más fuerte que vos. Os aventajo en estatura y mis miembros son más vigorosos que los vuestros. Sin embargo no quiero dejarme arrastrar a una lucha. Soy obra vuestra y deseo demostraros afecto y sumisión, pues, por ley natural, sois mi dueño y señor. Pero estas mismas razones os obligan a asumir vuestros deberes y a concederme aquello que me debéis. (Shelley, 1997, p. 142)

Ciertamente si el hombre crea un ser a su imagen y semejanza adquiere responsabilidades hacia esta nueva criatura, responsabilidades que, una vez realizado el acto creador, deberá asumir y que son tan inviolables como una ley natural. No es el objetivo de este estudio profundizar en la relación entre creador y creado o debatir las directrices morales y éticas del acto creador, sin embargo es muy interesante como el hecho de tener la capacidad de crear criaturas semejantes al hombre incide y configura, como no había ocurrido en otra época, la identidad del hombre, su concepto de sí mismo. Por ello, aunque el interés principal que despierta el monstruo de Frankenstein aquí es su papel en la delimitación humana y en la construcción de la identidad del hombre moderno, es muy difícil estudiar este tema sin recoger la reflexión moral que suscita.

Lo que en esta novela se trata como una ficción se ha convertido hoy día en una posibilidad real. La nueva magia de finales del siglo XX, una poderosa y amplia disciplina a la que denominamos ciencia, afirma por primera vez que es capaz de crear seres idénticos a los humanos naturales. Esta afirmación, además de suscitar el interesante debate ético ya mencionado, posee una trascendencia importante en el "mapa" de la identidad humana. El hombre necesita redefinir de nuevo su lugar e incluso su esencia, ante unos seres que son idénticos a él en todas sus características salvo en su origen.

Como ya he mencionado, Frankenstein es, con diferencia, el mejor y más estudiado ejemplo de hombre artificial en la literatura y el cine. Un ser creado con trozos de cadáveres. Un ser alumbrado por un hombre, el doctor Frankenstein, obsesionado en descubrir el secreto de la vida. El doctor Frankenstein representa el avance incontrolado de la ciencia, es el científico que no se detiene a reflexionar sobre las posibles consecuencias de sus hallazgos ni ante normativa legal o moral alguna. Aunque las intenciones del doctor fuesen inicialmente buenas su investigación pierde todo enfoque llevado por el ansia de desentrañar el secreto de la vida a cualquier precio.

El resultado del experimento, el monstruo de Frankenstein, es un ser que, por definición no es humano y por tanto está fuera de nuestra especie y de nuestra sociedad. No obstante, la nueva criatura siente y piensa en términos humanos por ello su búsqueda de un lugar en el mundo es un reflejo de nuestra propia búsqueda sobre nosotros mismos.

El mito de Frankestein es sumamente interesante en este aspecto. En la novela la criatura creada por el joven doctor es prácticamente humana. Su apariencia física, monstruosa, es lo único que le separa del género humano. No obstante, posee lenguaje y raciocinio, características propias, desde el medievo, de la esencia humana.

Este nuevo proceso de redefinición ha comenzado ya a velocidad de vértigo con la creación de una nueva cosmología tanto en la literatura y el cine como en otras formas de arte.

Así pues, estamos en un punto importante del camino por el que la ciencia conduce al hombre. Con las técnicas actuales y el programa de investigación existente es muy posible que durante la próxima década el hombre tenga el poder necesario para redefinir su propia naturaleza. De hecho, las técnicas de clonación existentes ya han levantado una gran polémica porque pueden crear seres que están en la frontera de lo que, actualmente, consideramos humano.

Por este motivo es tan relevante estudiar el concepto que el hombre tiene de sí mismo, entender su identidad, debido a que, en base a esta identidad se forjará, de una forma literal desconocida hasta hoy día, el nuevo prometeo, el nuevo hombre.

Estudiar a los seres limítrofes es vital debido a que en la actualidad estamos delimitándonos mediante cyborgs, androides y clones. Criaturas que podrían convertirse en el futuro ser humano… dependiendo de cómo decida el hombre emplear sus conocimientos o simplemente si decide dejar que sean ellos mismos los que avancen sin ningún tipo de reflexión.

La trayectoria científica ha optado, en la modernidad, por considerar al hombre otro de sus objetos de estudio. Por supuesto esta objetivación es imprescindible en la práctica científica y ha logrado numerosos avances en la erradicación de enfermedades y en la mejora de la calidad de vida.

Gracias a la objetivación del ser humano se ha descubierto la secuencia del ADN humano y se conoce, con bastante detalle, el funcionamiento del cuerpo humano. La práctica científica ha creado importantes prótesis y mecanismos que mitigan enfermedades y deficiencias del cuerpo humano. Sin embargo, la objetivación del cuerpo del hombre tiene otras consecuencias.

Hay una importante cuestión señalada en la obra de Lewis y que aparece de forma trasversal en la de Tolkien. La idea de que la ciencia posee una visión parcial, o sesgada, de la realidad. En muchos aspectos la ciencia es la magia del siglo XX y XXI pues al igual que aquella, la ciencia puede adaptar el mundo a los deseos del hombre. Lewis ejemplifica con las palabras de Bacon la actitud general de la ciencia moderna. Nos dice el profesor Lewis que en uno de sus escritos, Bacon condena a los que valoran el conocimiento como un fin en sí mismo comparándolos con alguien que usaría a una señorita para obtener placer en lugar de una esposa para obtener frutos (Lewis, C.S. 2014, p. 88). Es decir, el verdadero objetivo de la ciencia, según la visión general de los propios científicos, debe ser extender el poder del hombre sobre el mundo que le rodea. Esta visión del mundo como un medio de aplicación es lo que limita el punto de vista de la ciencia, Lewis afirma que la ciencia moderna olvida el todo cuando habla de las partes. La búsqueda por la satisfacción de los pequeños deseos nos hace perder de vista los mejores logros. El hombre moderno, y en particular el científico, no hace avanzar el conocimiento, especialmente el técnico, en base a posibilidades abstractas. Hablando en términos generales se puede decir que el crecimiento del conocimiento depende en gran medida de su aplicación. Cuando se quiere cambiar algún aspecto del mundo, cuando el deseo de manipular la realidad arraiga en el ser humano es cuando más avanza una investigación. Esto se debe, evidentemente, a que es ese deseo concreto del hombre por cambiar lo que le rodea lo que alimenta la investigación.

El afán de un logro concreto, el motor de la ciencia, es una da las razones por las que la visión de la ciencia se vuelve limitada. El problema es que dicha limitación ocurre en el mismo nacimiento del deseo. En la *Abolición del hombre* y en la *Trilogía Ramson*, C.S. Lewis, argumenta magistralmente como el empeño en lograr una mejora, o simplemente una novedad, empaña la visión de conjunto necesaria para enjuiciar las consecuencias de dicho logro.

Si, por ejemplo, nuestro interés es crear un ser mecánico que pueda pensar igual que los humanos, el deseo es lo suficientemente vago como para que la investigación desemboque en un ordenador parlante o en un ser humanoide de aspecto extravagante, sin embargo, el deseo está limitado a lo deseado, a lograr ese ser, sin importar que tal vez esa creación tenga nefastas consecuencias sobre la raza humana en general o sobre el propio ser en particular. Esta limitación a la visión de la ciencia puede ser solventada mediante el debate y la reflexión profunda sobre los objetivos y las consecuencias de los logros científicos. Lamentablemente la comunidad científica no es tan coherente como pudiera parecer y dicha reflexión no siempre alcanza a todos sus miembros por igual...

Por otra parte, la ciencia, como herramienta que manipula el mundo, es muy efectiva, sin embargo para poder transformarlo es necesario haber sesgado primero el conocimiento de la realidad. Esta es la segunda razón por la que la ciencia posee una visión limitada o parcial de la realidad. Esta carencia de una visión global sobre su objeto de estudio (el mundo) no tiene tanto que ver con la incomunicación entre las diversas disciplinas o ramas científicas[7] sino con el modo de actuar subyacente al deseo de cambiar el mundo. La ciencia sería el instrumento empleado por el deseo humano de alterar la realidad, como se recoge en el párrafo anterior, sin embargo para alterar la realidad es necesario analizarla en partes fragmentadas y no en su globalidad. Es decir, para que la ciencia pueda actuar sobre el mundo, es necesario que delimite sus objetos de estudio (podría decirse que a mayor amplitud de objetos menos aplicabilidad tiene la disciplina científica) para poder actuar sobre ellos. Por ejemplo, para poder emplear la madera de un árbol como combustible antes es necesario olvidarse del resto de los aspectos de la madera. No podemos verla como parte de un ser vivo, ni como una parte de la naturaleza sino sólo como combustible. O, si alguien quisiera estudiar su composición no es necesario que tenga en cuenta su papel como hábitat natural de multitud de seres vivos, pues sólo le interesaría las partes que componen el árbol.

---

[7] Precisamente en la actualidad se realizan numerosas investigaciones interdisciplinares y el conocimiento técnico debe muchos avances a esta forma de estudio.

Resulta imposible plantear una disciplina científica que pueda estudiar en profundidad absolutamente todos los aspectos que rodean al objeto de estudio y, aunque pudiera hacerlo no podría completar su comprensión de lo estudiado, ya que para poder entenderlo en toda su magnitud es necesario entender su lugar en el universo que rodea lo estudiado, es decir, entender con la misma profundidad los aspectos de todos los objetos que cohabitan con él. Se plantea entonces, de una forma similar a la kantiana, la imposibilidad de conocer algo de manera absoluta y, por lo tanto, la forma en que tiene la ciencia de manipular un objeto sólo puede provenir de un conocimiento parcial y, por esa razón, sus consecuencias y la influencia en el mundo tampoco pueden predecirse con exactitud.

En resumen, la misma ciencia que permite manipular la realidad, impone, hasta cierto punto, una parcial visión de aquello que estudia y su manipulación.

Llegados a este punto es necesario preguntarnos, como ya surgía al inicio de este apartado, qué ocurre cuando la ciencia moderna vuelve su ojo hacia el propio hombre. Es en ese instante cuando nace Frankestein, cuando el hombre natural crea al hombre artificial. Supeditado sólo a sus deseos y limitado únicamente por sus destrezas técnicas y su imaginación, aunque al mismo tiempo, encerrado en una visión parcial de aquello que pretende crear. La ciencia puede decirnos cómo ve al hombre, pero no quién es, ni tampoco lo que es. Puede crear un clon del ser humano, crear un hombre artificial hecho de metal y con una mente computarizada, pero no puede predecir sus consecuencias ni su incidencia en nuestras vidas.

En el caso concreto de la actuación de la ciencia sobre el hombre no sería acertado afirmar que cualquier estudio o investigación es negativo "per se". Numerosos avances y descubrimientos de la ciencia han resultado, a largo plazo, beneficiosos para la supervivencia del ser humano. Lo que sí puede afirmarse es que ningún descubrimiento, especialmente cuando versa sobre el hombre, debería ser aplicado sin estudiar antes, de una forma suficientemente abierta y profunda, las posibles consecuencias y efectos que puede ocasionar. Una importante cuestión a estudiar será, por tanto, qué avances de la ciencia influyen sobre el hombre y su forma de concebirse a sí mismo y cuales tienen un menor impacto sobre el concepto de ser humano que se dibuja en el "mapa" del hombre.

7. La existencia auténtica y el nuevo Prometeo

En *La abolición del hombre*, el profesor Lewis expone dos interesantes cuestiones sobre la ciencia. Por una parte, revisa el ideal ilustrado de racionalidad exenta de supuestos, esto es, la creencia ideal de que la razón está exenta de supuesto sobre el mundo y el universo en general y sobre su objeto de estudio en particular.

Este ideal se asienta sobre la noción de que la verdadera razón debe cuestionar todo en todo momento y que no puede dar nada por sentado sin haberlo examinado y contrastado previamente.

La idea de que la razón está exenta de supuesto implicaría que el ser humano no podría avanzar en sus conocimientos ya que, como puede observarse en cualquier disciplina, es necesario cimentar el avance en el camino del conocimiento sobre algunos supuestos e ideas que, aunque puedan ser revisados cada cierto tiempo, forman el esqueleto sobre el que construir el edificio del conocimiento.

La segunda cuestión que recoge C.S. Lewis es la autodeterminación racional. Es decir que la razón se erige en juez y jurado de su propio criterio. Nada hay fuera de la razón que pueda juzgar sus criterios y su forma de examinar el mundo, ya que el único criterio válido es el de la razón y, por lo tanto, no existen disciplinas externas que puedan cuestionar su modo de actuar.

Tanto el profesor Lewis como su amigo y colega el profesor Tolkien, esgrimen argumentos contundentes y efectivos contra estos dos supuestos tradicionales. Cuando algunos pensadores se plantean que la ciencia posee la única razón válida, en realidad se le está despojando de la única herramienta efectiva para reflexionar sobre sí misma. La crítica de los dos profesores ingleses va dirigida a la ciencia moderna, heredera de los dos ideales de la razón. En primer lugar, no es posible, como ya se ha expuesto, que cualquiera de las disciplinas científicas estén libres de supuestos, pues estos son necesarios para progresar y avanzar. Por este motivo puede argumentarse que su análisis no es siempre exhaustivo ni objetivo. Esto nos lleva, finalmente, a desestimar que la razón, en este caso la ciencia moderna, se erija en jueza de ella misma.

La imagen que se ha querido transmitir de la ciencia es que no parte de una base o de presupuestos lo que ha fomentado la idea de que esta debe ser la guía del avance del conocimiento. Pensando de esta forma se comete el error de soltar los mandos de la ciencia para que esta navegue sin más rumbo ni destino que el azar y que, en muchas ocasiones, se oculta con la palabra *progreso*. Por ello es habitual que todos los descubrimientos científicos se califiquen como *avances*, sin una reflexión previa sobre su verdadera repercusión. No debemos pensar que Lewis y Tolkien son detractores de la ciencia, sólo defienden, al igual que otros muchos autores, una adecuada reflexión sobre el camino que ésta sigue.

Hay dos grandes críticas sobre la ciencia moderna que aparecen en *La abolición del hombre* de C.S. Lewis y que poseen un gran interés para este estudio. La primera es la creencia de que los descubrimientos de la ciencia redundan en beneficio de la humanidad. La segunda, y quizá la más importante, es que la visión sesgada de la ciencia desemboca en la instrumentalización de su objeto de estudio, es decir, del mundo, en particular sobre la naturaleza y sobre el ser humano.

En *La abolición del hombre*, el autor irlandés argumenta que ciertamente la ciencia ha realizado numerosos descubrimientos beneficiosos para la humanidad. Sin embargo, no hay que dejarse engañar por esta afirmación, cuando se habla de beneficios para la humanidad se habla en sentido abstracto del hombre, como si cualquier descubrimiento realizado por la ciencia redundase en el beneficio de todos y cada uno de los hombres que habitan el planeta tierra. No obstante Lewis especifica que:

> Lo que llamamos poder del Hombre es, en verdad, el que tienen algunos hombres que pueden, o no, permitir a otros sacar partido de él. (Lewis, 2014, p.71)

Y, especificando un poco más su postura, aclara:

> La conquista de la Naturaleza por el hombre, si se realizan los sueños de ciertos planificadores científicos, significa el dominio de unos pocos cien-

tos de hombres sobre billones de billones. [...] Cada nuevo poder ganado por el hombre es también un poder sobre el hombre. (Lewis, 2014, p.73).

Es decir, el poder que la ciencia otorga al hombre, los beneficios que pueden derivarse de ella, no los otorga a la humanidad (como suele decirse) sino a los pocos hombres que pueden permitirse adquirir o producir esos beneficios. Lewis no habla de unos pocos abusos menores, por parte de un grupo de científicos, que pudieran monopolizar el conocimiento de alguna forma. Actualmente la comunidad científica está lo suficientemente interconectada y los descubrimientos se divulgan generalmente con mucha rapidez, además, si esto ocurriese podría llegar a solucionarse buscando mecanismos de control más eficientes. Lo que Lewis critica en primer lugar es la mentalidad subyacente a todo progreso científico: la idea de "este es un avance para el hombre" cuando en general sólo logra un distanciamiento entre los que pueden acceder a los nuevos logros y aquellos que no pueden. Uno de los ejemplos más evidentes aparece en las investigaciones médicas y farmacéuticas. Pese a los numerosos avances que se han realizado en intervenciones, trasplantes y medicamentos para la humanidad sigue habiendo una notable diferencia entre aquellos que pueden permitirse estos avances y los que no. Sólo aquellos que tienen acceso a los medicamentos y servicios sanitarios pueden hablar de una mejora en la calidad de vida, el resto de la raza humana continúa prácticamente en el mismo estado previo al descubrimiento de éste o aquel medicamento. El caso de los avances industriales es otro claro ejemplo. Cuando se proclama con orgullo que "el hombre ya puede volar" la realidad es que sólo una pequeñísima parte de la raza humana ha pisado alguna vez un avión. Sólo hemos logrado mejorar el estatus del primer mundo, dado que el tercero se emplea como recursos para su explotación.

Este estudio no es una reflexión ética de la distribución de los bienes entre los hombres y, aunque puede argumentarse que este tema entra dentro del ámbito social, lo que Lewis pretende recoger no es la desigualdad social o económica, sino que el tan traído y llevado lema del "progreso de la humanidad" siempre es progreso de algunos hombres y que este progreso les da poder sobre otros. Además, el poder sobre la naturaleza, sobre el mundo, desemboca en una instrumentalización de éste. Lo cual nos lleva a la segunda crítica.

La visión sesgada de la ciencia instrumentaliza el mundo. Esta crítica ya ha sido recogida en el punto anterior de este estudio. Lo que Lewis propone como solución es una profunda reflexión previa a la aplicación de cualquier descubrimiento como medio para paliar la limitación que la lente de la ciencia impone sobre la realidad. Hoy día nos enfrentamos a un claro ejemplo: la clonación humana. Cuando, a finales del siglo pasado, se comenzó la secuenciación del ADN humano y empezó a plantearse la posibilidad de crear un clon humano se conminó a todas las disciplinas a que realizaran un profundo debate para aclarar y prever, en la medida de lo posible, las consecuencias que podría tener para el hombre.

Antes de haber podido madurar las cuestiones lo suficiente como para saber cual debía ser el rumbo a seguir se clonó por primera vez a un animal (la famosa oveja Dolly). Aquí el debate adquirió mayor importancia y las respuestas se hicieron acuciantes, sin embargo, en el momento en que se tomó la decisión de posponer la primera clonación humana hasta tener una idea más clara de las posibles consecuencias, numerosas voces han surgido a lo largo de toda la comunidad científica proclamando la investigación para clonar al ser humano continuaría de una forma u otra…

Este es quizá uno de los ejemplos más claros de la falta de visión de la ciencia, de la instrumentalización que padece. Aún hoy, hay demasiadas investigaciones que se guían únicamente por el lema de que "aquello que puede hacerse debe hacerse" sin encomendarse a una necesaria reflexión acerca de cómo afectará el producto de dicho estudio al mundo en el que vivimos.

Una clara ejemplificación de cómo la ciencia limita la forma de ver la realidad aparece perfectamente ejemplificada en *El señor de los anillos*. En la novela existen cinco poderosos magos de la orden de los *Istari*. Estos cinco hechiceros han sido enviados a la tierra media por los Valar, los poderes intermedios, para defender a las criaturas vivas de los poderes del mal. El mago Saruman, el blanco, es el jefe de la orden y su propósito principal es aconsejar a la raza de los hombres. Durante el transcurso de los acontecimientos narrados en la novela de Tolkien el mago Saruman traiciona a los pueblos libres. El hechicero pone al servicio de Sauron, el señor oscuro, todos sus recursos y comienza a reunir un gran ejército. Saruman arrasa bosques enteros para construir enormes máquinas de guerra y cumplir así sus objetivos. Esta acción sólo puede llevarla a cabo cuando considera el bosque como un mero recurso. Sólo si se considera la naturaleza únicamente como un recurso, olvidando sus otras facetas, es posible actuar sobre ella de esa forma. Tolkien se rebela ante esta visión parcial y crea, literariamente, a los ents, unos seres fantásticos con forma de árboles y de gran fuerza que finalmente derrotan al mago Saruman. Esta idea se resume perfectamente en una frase de Barbol, uno de los ents, sobre el mago Saruman:

> Creo entender ahora en qué anda. Está planeando convertirse en un Poder. Tiene una mente de metal y ruedas, y no le preocupan las cosas que crecen, excepto cuando puede utilizarlas en el momento [...] (Tolkien, 2002a, p. 95)

El objeto de estudio de la ciencia es el universo, en toda su globalidad, por ello su ojo puede posarse en todos y cada uno de los elementos que lo componen. La pregunta primordial es: ¿Qué ocurre cuando el ojo de la ciencia se posa sobre el hombre observándolo, no como un fin, sino como un medio para hacer algo?

Cuando la ciencia estudia al hombre, al igual que cuando estudia cualquier cosa, es necesario que lo trate como a un objeto, como un instrumento. Incluso en la práctica médica cuando se investiga acerca de una nueva técnica o de un determinado fármaco es necesario observar al paciente concreto como un objeto de estudio. De otra forma la ciencia no lograría avanzar. Como ya se ha visto esta forma de ver al objeto de estudio es un arma de doble filo. Por una parte, se logra avanzar en la investigación, por otra el objeto queda expuesto a la instrumentalización. En el caso concreto del hombre se expone a convertirse en un mero objeto más el cual es susceptible de cualquier transformación que pudiera "creerse" beneficiosa según los criterios científicos.

En general el objetivo directo de estos supuestos beneficios es el cuerpo humano ya que, su condición física, le hace más susceptible a las modificaciones de la ciencia. La consecuencia inevitable de esta visión de la naturaleza es, como ya he mencionado, la cosificación (como un objeto) del propio hombre o, más concretamente, de su cuerpo. Ya que una vez que hemos conquistado la naturaleza lo único que queda por conquistar es el propio hombre, como bien lo define el profesor Lewis "Habiendo dominado nuestro ambiente, gobernémonos ahora a nosotros mismos y elijamos nuestro propio destino." (Lewis, C.S. 2014, p. 69).

¿Pero, qué significa gobernarnos a nosotros mismos? La respuesta es sencilla: significa transformar al hombre igual que se ha transformado la naturaleza. Hacerle más eficiente, más resistente o mejor según los cánones pasajeros establecidos por el paradigma imperante.

El hombre es susceptible de ser manipulado por la ciencia, al igual que cualquier otro objeto del mundo. Puede ser transformado, variar sus características, en concreto su cuerpo. Desde el comienzo de la modernidad, especialmente con los escritos de Descartes, el hombre se configura como una mente a los mandos de un cuerpo. Ya que el cuerpo pertenece al mundo físico y, además, es independiente de la mente, del hombre verdadero. Se hace evidente que cualquier modificación sobre el cuerpo no es una verdadera modificación sobre el hombre, sólo sobre el contenedor que lo sustenta…

C.S. Lewis defiende que la ciencia tiene una visión descorporeizada del hombre, es decir que el cuerpo del hombre pasa a ser un objeto manipulable por una mente incorpórea. Hay numerosos autores que comparten esta idea que, por otra parte, ha sido llevada al cine, la literatura y los cómics en muchas ocasiones. Estas adaptaciones contribuyen a la construcción de una cosmología, podríamos llamarlo también mitología, alrededor del ser humano que, como argumenté en el primer punto, le ayuda a redefinirse.

Sobre estas ideas iniciales, la instrumentalización de la naturaleza y la del cuerpo humano, se sustenta la tesis de Lewis de que la ciencia y la tecnología de unos pocos hombres es una forma de poder sobre las generaciones venideras.

A este respecto, comenta el autor inglés que cada generación ejerce un poder sobre sus sucesores en la medida en que modifica el medio ambiente, que ha heredado de sus antecesores, y que lega a sus descendientes. Ciertamente esta es una importante forma de poder que el hombre ha ejercido desde siempre, sin embargo, esta no es la crítica fundamental que en *La abolición del hombre* quiere transmitir, sino otra forma mucho más coercitiva de poder. El poder que actualmente posee el hombre sobre la vida y la muerte de las generaciones venideras y, mucho más allá de lo que se hubiera podido llegar en cualquier otra época pasada, el poder para manipular a las siguientes generaciones transformándolas en algo que va más allá de lo humano. Lewis se refiere a la eugenesia, el poder de manipular al ser humano antes del nacimiento. Esta técnica, cada vez más empleada, es una forma de control de la actual generación sobre las venideras. Lewis argumenta que, debido a la visión parcial que posee la ciencia, manipular las capacidades del hombre puede redundar en un empobrecimiento del ser humano. Obtener algunas capacidades concretas a corto plazo puede significar perder la adaptabilidad inherente al hombre. Si dotamos al hombre de alas, dice el pensador inglés, estaremos condenándole a vivir en el cielo.

Como mencionaba en el párrafo anterior, la visión descorporeizada del hombre sólo puede surgir en la modernidad. Esta idea sólo puede sostenerse sobre la premisa de que el hombre está compuesto por dos elementos, uno independiente y ajeno a las leyes de la naturaleza, que sería el verdadero hombre, esto es, aquello que el hombre moderno denominaría "su yo racional" y otro elemento que se rige por las normas de la naturaleza y que está sujeto a las "debilidades" del mundo, que es el cuerpo. Es evidente que hacer esta separación, dentro del marco conceptual en el que estamos inmersos, resulta muy sencillo debido a la influencia de la filosofía cartesiana. Fruto de esta visión individualizada del cuerpo y la mente son los avances en clonación o las fantasías, cada vez más cercanas a la realidad, sobre los cyborgs y androides. Al reflexionar desde este punto de vista profundamente moderno resulta *claro y evidente* que la parte física del hombre pertenece a la naturaleza, y por lo tanto es susceptible de la misma manipulación que el resto del mundo, por otra parte, la mente, al ser una sustancia independiente quedaría al margen de dicha manipulación.

Actualmente la manipulación del cuerpo ha alcanzado un alto grado de sofisticación. La ciencia puede transformar el cuerpo tanto con cirugía como con aparatos mecánicos implantados en la carne o muchas otras técnicas. También estudia formas de crear mentes independientes del cuerpo. Las dos preguntas fundamentales sin embargo son ¿hacia dónde nos conducen esas transformaciones? Y ¿realmente es el cuerpo algo independiente del hombre?

Un claro ejemplo, que sirve de crítica a la descorporeización del hombre, lo pone C.S. Lewis, en *Esa horrible fuerza*, el tercer libro de la trilogía Ransom. En esta obra literaria refleja la consecución del pensamiento que antes he comentado con la explicación de uno de los científicos del I.N.E.C.:

> Este instituto... [...], es para algo mejor que ofrecer alojamiento y vacunación y trenes más veloces y la cura del cáncer. Es para conquistar la muerte,

o para conquistar la vida orgánica, si lo prefiere. Son la misma cosa. Es para sacar de ese capullo de vida orgánica que resguardó la primera infancia de la mente al hombre nuevo, el hombre que no morirá, el hombre artificial, libre de la naturaleza. La naturaleza es la escalera por la que trepamos y que ahora desechamos. (Lewis, 1994, p. 232)

8. La definición de lo humano frente a las nuevas tecnologías. Los monstruos de hoy: de androides y ciborgs

Ya he mencionado en el punto anterior que la conquista de la naturaleza conlleva la conquista del cuerpo humano. Al observar el cauce que siguen los nuevos avances en mecánica, biología y medicina no es descabellado pensar que ya no queda tan lejos como antaño la realización del mito de Frankenstein o de los ciborgs, es decir, humanos "mejorados" con partes mecánicas. Actualmente el hombre puede sustituir algunas partes de su cuerpo, si estas fallan, pero no es difícil pensar que una sustitución completa por un cuerpo mecánico será factible en un futuro no muy lejano. De la misma forma que si un brazo, o una pierna, sólo es concebido como parte de un hombre, como "aquello que sirve para coger cosas" o caminar, esto es como un objeto de mi propiedad que me es útil, entonces puede, y debe, ser mejorado.

Existe una gran diferencia entre concebir el cuerpo como un objeto, esto es como algo mío que realiza ciertas funciones y por lo tanto me es útil. O como sujeto, es decir, cuando consideramos que "yo soy un cuerpo". La primera formulación nos permite la manipulación del cuerpo por parte de la ciencia, una transformación sin límites. La segunda implica que cualquier modificación sobre el cuerpo tiene efecto sobre mí, sobre el sujeto en conjunto.

Lewis plantea que una vez ganada la batalla "contra" la naturaleza el siguiente paso lógico será el propio hombre y finalmente este será libre para hacer de su especie aquello que desee. La cuestión entonces será ¿Quién ha ganado realmente la batalla? ¿El hombre contra la naturaleza? ¿O simplemente el hombre ha dejado de ser humano para convertirse en el producto de los hombres que le precedieron?

La respuesta que Tolkien y Lewis nos dan es que "mejorar" al hombre, es decir alterarlo, desde el propio hombre es como tratar de saltar sobre sí

59

mismos con el claro objetivo de llegar al cielo. No se puede afirmar que la perspectiva actual sea la adecuada, de la misma manera que no hay forma de saber si lo que actualmente se denomina *progreso* es una mejora respecto a la situación anterior. Nadie posee los criterios correctos para enjuiciar la situación actual de la especie y por consiguiente no es posible hipotecar el futuro del hombre en pro de un ideal de progreso, que ni siquiera nos hemos planteado. La ciencia sólo puede ayudarnos a avanzar, pero no puede señalarnos el camino. No hay categorías absolutas, inherentes a la ciencia que le sirvan para autogobernarse.

Cuando se decide "mejorar" al hombre, cuando se habla de manipularle con el objetivo de elevarlo más allá de sus capacidades naturales se le transforma en algo distinto de lo que es. Esta transformación puede suponer una mejora a corto plazo ya que cumple los objetivos fijados. Sin embargo, hay que tener presente que esa transformación implica alejarse de lo que es el ser humano. En la novela de *El señor de los anillos* aparece un ejemplo bastante claro a este respecto.

El mago Saruman, un poderoso hechicero renegado, sólo puede plantearse la idea de cruzar orcos y hombres, si previamente considera al hombre como un mero instrumento para la guerra que debe ser mejorado, aunque pierda su humanidad en el proceso. Para el hechicero, *mejorar* al hombre consiste en hacerlo más fuerte, más resistente y, en resumen, más apto para la guerra que se avecina. Para ello decide que la mejor forma de crear al "guerrero definitivo" es cruzar la raza del hombre con la de los abominables orcos. Los orcos son criaturas belicosas y muy hábiles en el combate, aunque vulnerables a la luz del sol. Tomando de nuevo las palabras del ent Barbol sobre el mago Saruman, Tolkien escribe:

> Se ha mezclado con criaturas inmundas, los orcos. [...] Peor que eso: ha estado haciéndoles algo a esos orcos, algo peligroso. Pues esos isengardos[8] se parecen sobre todo a hombres de mala entraña. Como otra señal de las maldades que sobrevinieron junto con la Gran Oscuridad[9], los orcos

[8] N.A: Isengardos hace referencia a los "habitantes" de la torre Isengard, fortaleza custiodiada por el mago Saruman. Estos habitantes se reducen a los sirvientes de Saruman, Orcos, Semiorcos y Dundelinos, una raza de hombres de la montaña.

[9] N.A: La Gran Oscuridad hace referencia al mal llevado a la Tierra Media por Melkor. Melkor, valar del mal, creó, con malas artes, la raza de los orcos a partir de la de los elfos.

nunca toleraron la luz del sol; pero estas criaturas de Saruman pueden soportarla, aunque la odien. Me pregunto qué les ha hecho. ¿Son hombres que Saruman ha arruinado, o ha mezclado las razas de los hombres y los orcos? ¡Qué negra perversidad! (Tolkien, 2002a, p. 95)

En este ejemplo, y a lo largo de la novela, estos semiorcos (o semihombres) son vistos como una abominación ya que han dejado de ser humanos para convertirse en algo nuevo, algo distinto que no cabe dentro del concepto de hombre que se poseía. Los objetivos del mago Saruman estaban muy definidos a corto plazo, él busca mejores guerreros, tan fuertes como los orcos y tan inteligentes como el hombre. Sin embargo su ciencia, o si se prefiere su magia, no le garantiza que el producto siga siendo humano (el hechicero tampoco lo pretende).

En resumen la cuestión sobre la que los dos literatos quieren llamar nuestra atención es hacia dónde nos lleva el objetivo de crear un ser más allá del propio hombre. Más aún la pregunta que ambos se hacen es: "¿Ese nuevo ser *mejorado*, es algo superior o sencillamente tan infrahumano que ya ni siquiera podemos calificarlo como hombre?". Y esta cuestión nos lleva a una última pregunta: "¿De dónde proceden los parámetros bajo los cuales avanzamos hacia una mejora del hombre?".

Quizá la respuesta no sea manipular el cuerpo en busca de un quimérico "superhombre" sino transformar el actual concepto de hombre para poder entenderlo como una parte integrante de la naturaleza y, a su vez, como un todo indisoluble en sustancias independientes. O dicho de otra forma, tal vez no debamos entender al hombre como un compuesto de varios elementos de distinta jerarquía sino como un conjunto equilibrado e indivisible.

Creo que la breve explicación de estas ideas: la visión parcial de la ciencia, la instrumentalización del cuerpo y la naturaleza y el poder de unos hombres sobre las generaciones posteriores, pueden servir para aclarar un poco algunas de las numerosas cuestiones a las que tanto la bioética actual como la antropología filosófica deben hacer frente.

Observando el rumbo de las investigaciones biomédicas podría decirse que la ciencia nos ha llevado a crear el mito del nuevo prometeo. El hombre que se hace a sí mismo liberándose de todas las carencias, dejando atrás la enfermedad y la muerte. En definitiva, el hombre creado por la ciencia moderna. Un ser que puede vivir mucho más, y mejor, prescindiendo de muchas de las limitaciones actuales. Un ser que, finalmente, nacerá del hombre actual y que, por tanto, será un ente distinto de su progenitor.

Ante esta perspectiva es natural que el ser humano actual, el "hombre de a pie", sienta inquietud, no sepa dónde está su sitio en el mundo y necesite redefinirse apoyándose para ello en la narración fantástica, en la ciencia-ficción.

Y de forma análoga a cómo funciona la mitología, en la actualidad, la narración fantástica puede darnos claves fundamentales a la hora de entender la naturaleza humana, sin embargo la narración, en general, de una época y una cultura puede servirnos igualmente para dibujar mejor el mapa de la naturaleza humana.

A fin de cuentas necesita encontrar al hombre auténtico, definirse como el verdadero hombre, ante las nuevas criaturas que pretenden usurpar su puesto. Por ello no es inusual, que en las historias que nos cuentan los libros y el cine el hombre artificial creado mediante ingeniería genética, sea sólo un brillante envoltorio que se revela hueco y sin valor[10] en el mejor de los casos y como una terrible amenaza la mayoría de las veces. El hombre auténtico es aquel que se revela como un luchador contra la adversidad. Aquel que se eleva por encima de la naturaleza por sus propios medios, frente al hombre artificial que posee todas las facilidades para salir adelante desde el mismo momento en que es creado.

En la película *Gattaca* la sociedad humana se convierte en esclava de la genética. Los seres humanos son diseñados genéticamente para que alcancen todo su potencial se eliminan posibles enfermedades y se diagnostican aquellas debilidades congénitas que no pueden ser erradicadas. Cuando nace un niño se le analiza genéticamente para saber para qué está más capacitado. Aquellos que nacen de forma natural, sin ser diseñados genéticamente, son considerados ciudadanos de segunda clase. En la sociedad de *Gattaca* cada hombre y mujer tiene su lugar predeterminado por su carga genética, aquellos que han sido mejor "diseñados" o que no tienen ningún tipo debilidad congénita ocupan los más altos puestos de trabajo y responsabilidad. Pero hasta los que ocupan los más altos puestos de la jerarquía han perdido su libertad en pro de la genética. La sociedad reflejada en esta

---

[10] Por ejemplo: Niccol, A. (Director). (1997). *Gattaca* [Película]. Jersey Films; Columbia Pictures. Spottiswoode, R. (Director). (2000) *El sexto día* [Película]. Phoenix Pictures

película es muy similar a la descrita anteriormente Por Aldous Huxley en *Un mundo feliz*. Huxley también habla del diseño genético como pilar fundamental de la jerarquización de la sociedad. En ambos ejemplos una parte de la esencia humana (algunos autores hablan del azar o de la naturaleza) es sacrificada y con ella la libertad, ya que en una sociedad donde el estatus se mide según la configuración genética no puede haber verdadera igualdad. En este planteamiento futurista el hombre se enfrenta a la esclavitud de "lo mejor posible". No cuenta la voluntad o el deseo de hacer algo, sino quien ha sido "mejor diseñado" para hacerlo.

Estos ejemplos de ciencia-ficción pueden parecer extremos y lejos de la realidad, sin embargo, en la actualidad han ocurrido casos que reflejan a la perfección el espíritu de estas obras. Hace años en algunos países se empleaban análisis de sangre como factor determinante para acceder a un puesto de trabajo o para conceder seguros de vida. Quizá el ámbito de la eugenesia requiera una fuerte reglamentación o, tal vez, un nuevo enfoque en las investigaciones. Lo cierto es que los esfuerzos de la comunidad internacional por frenar las investigaciones destinadas a la clonación del ser humano o al abuso de las nuevas tecnologías biotecnológicas no parecen tener mucho éxito.

Otra cuestión de suma relevancia a la hora de hablar del hombre artificial es la dependencia de ese nuevo ser hacia uno de sus progenitores. Podría decirse que, si el hombre es el padre de ese nuevo ser, la tecnología sería su madre.

Es cierto que actualmente la supervivencia del hombre depende directamente del desarrollo tecnológico, sin embargo, en el caso de un hombre artificial dicha dependencia podría alcanzar cotas impensables para el hombre natural.

En la película *El cortador de césped*[11] (Leonard, B. 1992), otra visión de un nuevo hombre nacido de la técne, el avance hacia el "hombre artificial" implica un servilismo completo hacia aquello que nos "mejora". En esta película un científico intenta aumentar la capacidad intelectual del hombre mediante tecnología de realidad virtual. El protagonista de la historia es un joven deficiente mental que se convierte en sujeto de los experimentos. Ciertamente su inteligencia aumenta hasta límites sobrehumanos, sin embargo

[11] Basada en un relato homónimo de Stephen King

esta misma inteligencia le aparta de su especie y le convierte en algo distinto hasta que finalmente le "confina" a un mundo de realidad virtual donde se convierte en un dios electrónico, un ser todopoderoso que, pese a todo, depende del frágil y etéreo espacio virtual para continuar existiendo y que, pese a poder controlar cualquier mecanismo electrónico, está prisionero de su propio microuniverso.

En *Dark Angel* (Cameron y Eglee, 2000), la serie de ficción creada por James Camerón, encontramos otro ejemplo de criatura evolucionada a partir del ser humano. La protagonista de esta serie es una mujer mejorada genéticamente capaz de realizar las más asombrosas proezas. Creada originalmente por la ingeniería militar para servir como soldado perfecto la protagonista decide escapar y vivir entre los seres humanos. A lo largo de la serie puede verse que, pese a que la mujer convive entre los seres humanos, no es capaz de integrarse completamente entre ellos y que mantiene una constante lucha por encontrar su propio lugar en el mundo. Sus capacidades y habilidades sobrehumanas forman una barrera infranqueable que le aparta constantemente de una vida normal y de la raza que la creó.

Este es un argumento recurrente en el cine actual. La manipulación genética y el hombre artificial son temas centrales en muchas de las películas, series y libros modernos. Emplear a los hombres artificiales como herramientas militares, *cosificarlos* en cierta forma, es otra manera de mostrar cuan distantes quedan los hombres artificiales de los naturales. Es la necesidad que tenemos de establecer, en esa mitología que estamos escribiendo en la actualidad, una posición preeminente sobre nuestras creaciones. Como si, al imaginarnos manejando los hilos de las marionetas que hemos dotado de vida, estuviéramos salvaguardando nuestro papel de dioses padre y nos mantuviéramos a salvo de la extinción frente a esta nueva especie.

Ante estos seres iguales a nosotros surge la duda sobre la identidad humana. ¿Qué es lo que nos hace ser nosotros mismos? ¿Qué nos hace únicos frente a seres iguales a nosotros? En resumen: ¿Qué me diferencia de mi propio clon?

El profesor Rodríguez Valls habla de memoria biográfica y memoria histórica para explicar la creación de la identidad humana. Resumiendo brevemente su postura:

> [...] la memoria es siempre memoria mía, memoria de la propia experiencia, memoria del sujeto, biografía. Ciertamente hay una memoria colec-

tiva, una memoria histórica heredada de la tradición, de los hechos de los antepasados. [...] Pero esa memoria histórica tiene que encajarse en la memoria personal como algo que le pertenece, como algo que propició la presencia del sujeto individual y la circunstancia donde el sujeto personal se encuentra". Por todo ello podemos entender que la memoria biográfica, la memoria del sujeto es la base principal donde se sustenta la identidad y que la memoria histórica es un sustrato que alimenta esa memoria biográfica de forma que la hace comprensible a la vez que le da una perspectiva más amplia. (Rodriguez Valls, 2001, p. 81)

Si seguimos los pasos de Rodríguez Valls y los aplicamos a mi clon, o de forma general a los seres creados a semejanza del hombre, estos no poseen inicialmente una memoria histórica, lo que los convierte en seres desarraigados que necesitan escribir su propia historia. En muchos ejemplos de la literatura y el cine las criaturas tienen que construir, desde cero, la memoria biográfica y además desde un punto en concreto (a diferencia del ser humano que lo hace de forma progresiva).

Existen algunas situaciones hipotéticas, también en la literatura y el cine, en las que la memoria de un sujeto se copia o transplanta a su clon como, por ejemplo, en la película *El sexto día* (Spottiswoode, 2000) o se *educa* a los seres artificiales para que forjen una memoria biográfica sobre sí mismos como ocurre en la novela *El hombre bicentenario* (Asimov, 1994).

En el primer caso nos encontramos que la memoria es *copiada* o *trasladada* de un sujeto a su copia con lo que, en realidad la memoria biográfica permanece prácticamente intacta (salvo por el pequeño lapso de transferencia), no ocurre lo mismo, al menos necesariamente, con la memoria histórica. El clon sigue siendo un clon, pese a que tenga todos mis recuerdos y, de hecho, es consciente de su condición no humana por lo que su conducta y su forma de autocomprenderse se basará en su concepto de clonado. En la película *El sexto día* (Spottiswoode, 2000) la clonación se usa como un medio para alcanzar la inmortalidad transfiriendo la memoria biográfica de un clon a otro[12]. Sin embargo, los clones siguen siendo algo distinto al hombre, "otra cosa". La forma que tienen de enfrentarse a la

---

[12] Un argumento similar aunque tratado de manera más pormenorizada lo encontramos en la serie televisiva "Altered carbon" (Kalogridis, 2018)

muerte y a la vida es radicalmente distinta ya que su memoria histórica es distinta.

En el caso de seres artificiales que adquieren memoria biográfica nos encontramos ante la misma cuestión, su memoria histórica es nula, les hace comprenderse como algo distinto al ser humano, pese a que puedan construir un concepto de sí mismo este carece aún de profundidad.

En *Frankenstein* se da, además la particularidad de que su cuerpo es deforme y horrible, reflejo de sus oscuros orígenes, de forma que, él mismo, se da cuenta de que está fuera de la raza humana. Las únicas personas que llega a apreciar y valorar le consideran infrahumano. Su narración es, por tanto, la de un monstruo y, cuando asume su identidad él mismo se define como un ser malvado fuera de la especie humana (ya que no tiene otra opción).

En el mito de Frankestein se da énfasis por primera vez a la vida interior y al cuerpo de las criaturas fronterizas. El monstruo es un ser limítrofe de la especie humana porque su aspecto y su origen así lo marcan. Su vida interior es tan rica, tan reflexiva, como la de cualquiera de nosotros. Este es, como veremos más tarde, el punto que sirve de puente con nuestros monstruos, el autoreconocimiento.

Al detenernos un poco más en el mito del hombre artificial nos encontramos con otro caso particular muy interesante. El cyborg.

El cyborg es un ser que ha mejorado su cuerpo mediante la tecnología. Un ser que ha especializado su organismo mediante la *téchne* de forma que su destino queda irremisiblemente unido a ella. Siguiendo a Yehya en su definición más laxa los ingenios que hoy día empleamos con familiaridad como el marcapasos, las lentillas o los audífonos convierten al hombre en un ciborg (Yehya, N. 2001, pp. 45-46). Es decir, todo hombre que incorporara algún mecanismo a su ser pasaría a convertirse en un cyborg. Otras definiciones más estrictas definen al cyborg como un ser humano *mejorado* mediante la ciencia y la tecnología. Para que sea considerado un ciborg, estas *mejoras* deben permitir al sujeto superar los límites naturales del ser humano.

Tanto la primera como la segunda definición sostienen una idea principal: el cyborg es un ser humano que se ha unido a la tecnología de manera más íntima que el resto de sus congéneres, esto es modificando el funcionamiento de su cuerpo mediante la ciencia y la tecnología. De entre las dos definiciones posiblemente es la primera la que adolece de una menor rigurosidad, ya que de la misma manera que un marcapasos convierte a un hombre en cyborg, unas muletas, un collarín fisioterapéutico o una silla de ruedas también lo harían. En todos estos casos el hombre ha adicionado un elemento tecnológico y tiene una relación más cercana con la tecnología que el resto de sus congéneres. Sin embargo, a lo largo de nuestra historia, no se ha considerado a estos hombres como ciborgs (o seres limítrofes de la humanidad). ¿Por qué? La respuesta viene dada por la segunda definición. Realmente sólo puede considerarse como cyborg aquellos hombres que adicionan tecnología a su cuerpo para adquirir capacidades de las que carecía o potenciar hasta límites sobrehumanos las que ya posee.

Como ya hemos visto a lo largo de este estudio cualquier ser que posea dichas capacidades cae directamente en los límites de lo humano y el cyborg, en nuestro actual mapa conceptual es un ser cercano, aunque fuera del concepto humano.

La figura del cyborg ha adquirido cada vez más relevancia dentro de la cosmología de los seres limítrofes que ha creado principalmente la literatura y el cine. La imagen del hombre que va siendo consumido por la maquinaria que lo sustenta posee la fuerza del romanticismo y el ansia de superación de la modernidad. Frente al cyborg el hombre queda definido como ser natural que no necesita más que de sí mismo para sobrevivir, un ser natural que sufre y padece y que, gracias a su "maleabilidad" puede superar cualquier obstáculo. En cambio, el ciborg acaba pareciéndose más a las frías máquinas que al propio hombre del que procede. Su cuerpo artificial le permite superar con creces al hombre en las proezas físicas y mentales que se proponga sin embargo, ese mismo cuerpo, le convierte en un esclavo de la tecnología que lo sustenta. Son muchas obras las que retratan a los cyborgs como seres que, aunque un día fueron humanos, han perdido la esencia que les convertía en parte de la humanidad. Hombres y mujeres fríos que no son capaces de sobrevivir sin las máquinas que forman parte de su ser.

La película *Ghost in the shell* (Oshii, M. 1995) trata en profundidad la problemática de los cyborgs. ¿Hasta qué punto sigue siendo humano un cyborg? En la cinta, la protagonista es un ser humano cuyo cuerpo ha sido reemplazado completamente por mecanismos cibernéticos. En el transcurso de la narración la protagonista se aleja más y más de su condición humana y replantea los interrogantes expuestos por Descartes al inicio de la filosofía moderna desde el prisma de un cuerpo que es completamente extraño a su propio yo. Todos estos interrogantes sirven para realzar el aspecto limítrofe del cyborg. Por una parte, hasta qué punto puede estar segura la protagonista de que algún día fue humana (sus recuerdos podrían ser una ilusión programada en su cuerpo cibernético) y por otra qué queda en ella de su antigua humanidad.

A lo largo de la película surgen diversos interrogantes propiciados por una inteligencia artificial, llamada el *Maestro*, que ansía mezclar su mente artificial con la de la protagonista. La motivación del *Maestro* es crear un nuevo ser, una nueva criatura, fruto de la unión de una inteligencia artificial (supuestamente una inteligencia pura) con una mente cibernética (que antaño fue humana). La importante cuestión de fondo son los difusos límites entre lo humano y lo cibernético. Entre el hombre natural, representado en la película por uno de los compañeros de la protagonista, y los sofisticados pero, en cierta forma, frágiles cyborgs y, finalmente, entre la compleja mente humana y su propio producto, la inteligencia artificial.

A la luz de *Ghost in the shell* hay dos elementos, mencionados en puntos anteriores, que adquieren mayor relevancia. Por una parte, el tratamiento que la ciencia dispensa al cuerpo, por otro el de la creación de la identidad.

En cuanto al cuerpo humano, algo que nos aparece como inmediato y que forma parte constitutiva de nosotros mismos, bajo el microscopio de la ciencia pierde cualquier status o privilegio que pudiera poseer para quedar reducido a un puñado de proteínas y células diversas, o a un nivel más básico, a una secuencia de ADN susceptible de ser codificado e, in extremis, manipulado a nuestro antojo, de la misma manera que puede ser manipulado cualquier elemento que nos rodea. Esto, como ya se ha mencionado, es una consecuencia de la visión parcial propia de la ciencia.

La propia metodología científica está diseñada para reducir lo estudiado a las partes constitutivas, estudiarlas por separado y comprender de esta forma su funcionamiento. Sin embargo el "bisturí" científico, pese a cualquier interdisciplinaridad o autocrítica, carece de la visión de conjunto necesaria para comprender el valor y el funcionamiento global de un sistema tan complejo como es el ser humano.

Para la biología yo tengo un cuerpo que está compuesto de órganos, estos de células y así sucesivamente. Cuando un biólogo o un médico observa a una persona, pongamos por caso, para hacer un diagnóstico, no necesita conocer realmente con quién está hablando, le basta con poder estudiar el cuerpo que tiene ante sí. Quedan totalmente desligadas por una parte una autoconciencia de sí que se sabe a lo largo del tiempo distinta completamente del *envoltorio* que es su cuerpo.

Y ciertamente es posible que nuestra identidad carezca de relevancia alguna para que el nivel al que el médico o el biólogo deben trabajar para resolver un resfriado o hacer un análisis de sangre. Ocurre algo similar a la forma en que la masa de un mosquito en el parabrisas es irrelevante al calcular la velocidad de un coche en la carretera.

Sin embargo cuando se opera a un nivel mucho más complejo, como la manipulación del cuerpo y sus capacidades o propiedades en conjunto, la relevancia de observar a un ser humano en su conjunto es cualitativamente superior.

Siguiendo el camino iniciado en la modernidad y que continúa, en muchos sentidos, vigente en la concepción actual del ser humano, mi identidad, la persona que soy y lo que entiendo por mí mismo, reside en lo que sé de mí a lo largo del tiempo y en ser consciente de ello así como en la memoria histórica que poseo sobre mi especie.

Ante un análisis superficial podría parecer que eso en nada tiene que ver con que sea alto o bajo, rubio o moreno. En este caso la persona sería esa autoconciencia independientemente del cuerpo. Y, por lo tanto, no habría ningún problema en manipular el cuerpo sin que esto tuviera mayor consecuencia sobre el sujeto.

Sin embargo hay que tener claro que existen diversos tipos de manipulación sobre el cuerpo distintas no sólo en grado cuantitativo sino también cualitativo. Ya hemos visto que la construcción de un nuevo cuerpo mediante la tecnología es una de las vías de manipulación y da como resultado a los ciborgs definidos como *hombres mejorados* por Manfred E. Clyves en mil novecientos sesenta. En un grado menor la manipulación del cuerpo humano puede ser, sencillamente, aplicar una inyección de penicilina.

La cuestión entonces es cómo influye en nuestra concepción de nosotros mismos el cuerpo. O, dicho de otra forma, hasta qué punto somos un cuerpo.

En primer lugar, debemos tener claro que el ser humano es un cuerpo. Pese a que nuestra visión moderna del mundo nos empuja a dudar de esta afirmación, lo cierto es que, es imposible comprender nuestra identidad, a nosotros mismos a lo largo de nuestra vida, de otra forma. Nuestro cuerpo ocupa un espacio físico y está sujeto a las leyes físicas, pero, además, ese cuerpo es, entre otras cosas, nuestra "exterioridad", la forma en que nos relacionamos con el otro, con el mundo que nos rodea.

Recurriendo al concepto de *autointerpretación* humana que recoge V. Arregui (2006) en su ensayo sobre el ser humano como ser corporal podemos argumentar que el hombre es un ser que necesita buscar su lugar en el mundo, necesita narrarse, como defendería Ricoeur. Toda la filosofía del autor francés apunta a que el hombre actual se define a sí mismo dentro de parámetros narrativos. Esto es, yo soy la historia que fabrico de mí mismo, marcada, por supuesto, por mi entorno (amigos, familiares, conocidos, etc...) y evidentemente delimitada por el cuerpo que soy.

Dicho de otra forma. Yo soy, a la vez autor y personaje de mi historia, que está más o menos influida por aquellos que me rodean y cuyo punto de conexión en el tiempo y con los demás es el cuerpo en el que me hallo circunscrito.

Este cuerpo es a la vez punto de referencia de mis relaciones y punto de unión entre las diversas historias que me cuento sobre mí mismo a lo largo del tiempo.

Cuando nos narramos a nosotros mismos hacemos las veces de personaje y autor, lo cual nos sitúa en una constante reinterpretación.

Ahora bien, esta narración crea una imagen de nosotros mismos que influye en las reinterpretaciones siguientes. Es el proceso que Ricoeur denomina refiguración narrativa práctica y que podríamos resumir en que es el producto de la dinámica entre la historia pública y la historia privada que nos narramos (y nos narran).

Empleando un ejemplo, algo simplista, aunque ilustrativo. Si soy un atleta de élite y tanto mi entorno como mis capacidades fomentan esta situación yo me narro como tal atleta. Dicha imagen se irá cimentando y si logro alcanzar, cada vez, mayores progresos en mi carrera reforzaré dicha imagen de atleta, no sólo ante la gente que me rodea sino también ante mí mismo. Si por el contrario fracaso en mis metas me forjaré una imagen de fracasado. En cualquier caso, la narración que me vaya contando sobre mí mismo influirá en la siguiente reinterpretación y así me veré cada vez ligeramente distinto de la vez anterior.

Ahora bien, una situación hipotética que puede plantearse es: ¿Y si este deportista de élite sufriese un accidente y no pudiese volver a realizar el deporte con el que se había estado interpretando a lo largo de su vida?

Es innegable que la imagen que tiene de sí mismo, como persona en conjunto, cambiaría radicalmente.

Desde luego es innegable que nuestro cuerpo influye de manera decisiva en la imagen que tenemos de nosotros mismos.

Cuando un adolescente descontento entra en la consulta de un cirujano plástico para que ajuste su cuerpo al canon de belleza imperante lo hace, generalmente, porque ese cambio le permitirá modificar, hasta cierto punto, la imagen que tiene de sí mismo, le permitirá contarse de otra forma. El rostro que vemos cada día mirándonos desde el espejo es fundamental para entender quiénes somos. El cuerpo no es sólo nuestro anclaje a lo largo del tiempo, es también parte integrante de la historia que forjo sobre mí mismo. Porque esa historia no sería la misma si en lugar de ser de media estatura fuese alto o bajo, o si en lugar de ser hombre fuese mujer.

Aunque parezca un mero recipiente accidental nuestro cuerpo interviene de manera activa en la refiguración de nuestra personalidad, en mí mismo. Por ello hay que entender que los cambios que realicemos sobre nuestro cuerpo son cambios que realizamos sobre nosotros mismos. Hay numerosos estudios que prueban como personas que han sido sometidas a transformaciones estéticas experimentan cambios sustanciales en su personalidad y, a medio plazo, en su identidad. De la misma forma una persona que recibe una prótesis para suplir una disfunción física suele acusar también un cambio más o menos profundo dependiendo de la incidencia que tenga dicha prótesis en su vida y en su forma de autointerpretarse.

Este es quizá el punto fundamental, dependiendo de la influencia que la tecnología tenga en nuestro mundo, en nuestra vida y en nuestro cuerpo, afectará también a nuestra identidad que se verá alterada en mayor o menor medida. Algunos cambios, los estéticos suelen tener una mayor repercusión debido a que cambian nuestras relaciones con los demás y la forma en que nos vemos, y por lo tanto el concepto de nosotros mismos, de una manera muy evidente. Otros, como un marcapasos, sólo tienen una pequeña repercusión en cuanto a las pequeñas precauciones que hay que tomar, como no acercarse a un microondas, y que influyen en alguna medida en la vida cotidiana.

A la luz de las definiciones que este estudio recoge sobre los monstruos en general y sobre los cyborgs, en este caso particular, la siguiente pregunta lógica es: ¿si hacemos cualquier cambio en nuestro cuerpo nos cambia sustancialmente a nosotros mismos? ¿Dejamos de ser humanos? ¿Qué cambios son los que afectan a nuestra identidad y cuáles sólo tienen un mínimo impacto?

Las respuestas a tales preguntas deben ser tratadas con detenimiento y la clave reside en algunas ideas que ya han aparecido, entre ellas la de mayor importancia es distinguir entre los cambios que sirven para suplir una carencia humana, reparar una habilidad natural que se ha perdido o dañado, y aquellos que permiten una mejora sustancial de las capacidades del hombre.

Cuando cruzamos esa frontera, cuando se emplea la tecnología para "mejorar" al hombre es cuando aparecen los seres sobrehumanos (o infrahumanos), los seres limítrofes ya sean ciborgs, clones, superhéroes u otras criaturas aún por imaginar.

Algunos autores como Haraway o Moravec publican a los cuatro vientos que el concepto de hombre que poseemos en la actualidad está obsoleto y que nosotros ya somos, en gran medida cyborgs, aunque modelos un tanto toscos y primitivos.

Y ciertamente es difícil no suscribir estas, de entrada, ridículas ideas cuando al mirar a nuestro alrededor nos encontramos con clínicas de cirugía estética, donde nuestra apariencia y cuerpo es moldeado según los cambiantes patrones de la moda, o al ver inventos tan fundamentales para la subsistencia humana como las vacunas.

¿Somos pues cyborgs, como proclaman algunos? ¿Hemos dejado de ser humanos para recorrer el camino hacia el hombre artificial?

Probablemente estas preguntas parecerán, en un principio, algo descabelladas y cualquier persona sensata de nuestro tiempo contestaría negativamente a ambas. No obstante, merece la pena detenerse un segundo y reflexionar detenidamente sobre ellas. Es interesante observar que cada día la idea de *mejorar* al ser humano es más popular y atractiva. Crear hombres más resistentes a las enfermedades no parece, de ninguna manera, una idea aborrecible. O, siguiendo en la misma línea, suplir aquellas deficiencias que, por naturaleza o por accidente, impiden llevar una vida normal es, igualmente, una actividad totalmente loable. Sin embargo, el debate abierto actualmente sobre la clonación humana o ante la eugenesia denota que no todos los niveles de manipulación son tolerables. Nos encontramos de nuevo ante la difícil tesitura de decidir hasta qué punto es posible transformar al hombre actual sin crear una nueva especie que sustituya al ser humano. La cuestión es: ¿dónde está el límite entre lo deseable y la deshumanización?

Este debate, actualmente abierto a todas las disciplinas, es imprescindible para enriquecer la reflexión que por un lado nos permita situar, una vez más, dónde se sitúan las fronteras de lo humano y, como consecuencia, redibujar el mapa de lo que es humano.

Es imprescindible conocer donde hemos situado hoy en día nuestras fronteras y, al mismo tiempo, hacer un uso prudente y reflexivo del poder científico y tecnológico que hay a nuestro alcance.

Finalmente hay una última criatura que merece ser mencionada de entre la lista de los seres limítrofes del ser humano en la época actual. Esta criatura es el androide un ser que, en muchos aspectos es un ser muy parecido al cyborg. El androide es un producto artificial, similar al homúnculo de Goethe, o al golem. Se trata de una construcción creada a imagen del hombre. El ejemplo más conocido en la ciencia ficción son los *replicantes* de *Blade Runner* (Scott, R. 1982). Estos seres han sido creados a imagen y semejanza del hombre, pero eso no los convierte en humanos. Su importancia para este estudio es que, el androide supone el límite más claro entre lo humano y lo artificial. La barrera más clara entre lo que el hombre es y lo que podría haber sido si la naturaleza hubiese empleado los materiales "adecuados".

El androide, al igual que el cyborg, es la antítesis del mito del hombre salvaje. Es la otra frontera del hombre, la frontera con lo artificial. Se trata de un ser que, según muchos autores, será el heredero de la humanidad y según otros el sustituto del hombre.

Si acudimos de nuevo el cine y la literatura modernos encontramos numerosas historias sobre el androide y sus zonas fronterizas con el ser humano que, de nuevo sirven para ejemplificar y reflexionar sobre nuestra situación en el mundo.

En la película *Yo, robot* (Proyas, A. 2004), inspirada en las ideas de Isaac Asimov, hay una escena especialmente reveladora sobre las relaciones entre un hombre y la máquina que su raza ha creado: El androide, tan similar a los seres humanos que posee no sólo forma antropomórfica, sino que, además está dotado de un rostro expresivo. Discute con un agente de policía sobre lo que es ser humano. El policía le echa en cara al robot su artificialidad, intenta hacerle comprender que sólo es una máquina y que es completamente distinto de un ser humano. El androide, en cambio, tiene sus dudas al respecto y no parece tener claras las diferencias. El policía, en un intento de zanjar el problema le explica a la criatura que, siendo como es una máquina, jamás podrá hacer "cosas humanas" como componer una sinfonía o convertir un lienzo en blanco en una obra de arte...

La contestación del robot es sumamente interesante: "¿Y tú? ¿Puedes hacerlo?".

Esta escena resulta relevante porque pone de manifiesto que no es tan sencillo especificar exactamente qué nos hace humanos.

En esta escena de *Yo, robot* (Proyas, A. 2004) se esgrimen los sentimientos, las emociones y el arte, como la esencia humana frente a la fría lógica de las máquinas. Esta es una parte vital del proceso de construcción del concepto humano frente a lo monstruoso.

Cada vez que imaginamos criaturas frente a las que definirnos se hace necesario buscar qué es lo que nos diferencia de ellas. En la antigüedad la mortalidad, la razón o el lenguaje eran los pilares fundamentales sobre los que se sustentaba la condición humana. Hoy en día, frente a máquinas capaces de pensar o de seres idénticos a nosotros se hace necesario buscar otras características, la esencia de lo humano. Hoy en día es habitual que esta búsqueda desemboque en los sentimientos y las emociones como el rasgo principal de la condición humana. Sin embargo, estos rasgos nos aproximan a otra de las zonas limítrofes, los animales. El hecho de que animales como los gorilas sean capaces de aprender el lenguaje de signos y expresen emociones similares las humanas no hace más que agudizar la cuestión sobre qué es ser humano.

Otro interesante ejemplo del mundo del cine, volviendo a los androides como seres limítrofes, es *Inteligencia Artificial* (Spielberg, S. & Kubrick, S. 2001). En ella un androide creado a semejanza de un niño humano experimenta sensaciones, sentimientos, hacia su madre adoptiva. En esta historia los sentimientos no juegan un papel especialmente distintivo de la especie humana. De hecho, el único rasgo distintivo de la raza humana frente a los androides, en esta cinta, es su crueldad, su afán autodestructivo y su ilógica actividad.

En la fábula, que recrea en cierto modo el conocido cuento de Pinocho, los seres humanos están destinados a extinguirse debido a su propia naturaleza caótica y autodestructiva mientras que los androides se convierten en los herederos de la tierra, los *hijos* de la humanidad.

La idea recogida en esta fábula no se aleja demasiado de las tesis defendidas por algunos autores como Moravec que sostienen que la tecnología es el siguiente paso lógico en el camino evolutivo de la humanidad. Esta es una afirmación que, a grandes rasgos, podría llegar a aceptarse sin demasiadas reservas, dado que es evidente que la tecnología ya es imprescindible para la supervivencia humana. Sin el nivel tecnológico que actualmente posee la raza humana no sería posible la supervivencia de una gran parte de la especie.

Pero Moravec, u otros autores como Haraway o Minsky, van un poco más allá. Defienden una evolución en sentido literal y hablan de *cyborgización*. Unir, de forma irremisible, la especie humana a la tecnología. De esta forma sería el propio hombre, como afirman Moravec o Minsky el que se encargaría, racionalmente, de encaminar su propia evolución.

En esta premisa va implícita la creencia de que el hombre es capaz, mediante la ciencia, de encauzar el rumbo de la especie humana hacia la meta *correcta* (sea esta la que sea). Es el camino de la eugenesia, del nuevo prometeo. La búsqueda, en plena noche y sólo con la velada luz de una linterna, del camino al borde del abismo.

Es cierto que no podemos arrojar una respuesta concluyente sobre la conveniencia o no de manipular al hombre y transformarlo en algo distinto a lo que es y, precisamente, porque no tenemos una respuesta aún, es necesario profundizar en el debate y la reflexión acerca de qué es lo que somos en lugar de dejarnos llevar por el irreflexivo camino que nos marca el *progreso* de la ciencia.

Y es indudable que esa reflexión pasa por observar y estudiar las criaturas imaginadas por el hombre, aquellas que pueblan su cosmos (ya sea de forma real o ficticia) y que le ayudan a configurarse y a entender mejor quién es. Porque, de la misma manera, que necesito "al otro", al "tú" para entender mejor quién soy yo. El hombre necesita al monstruo, a lo que no es, para saber qué es ser humano.

9. C.S. Lewis y J.R.R. Tolkien.
Antropología desde el límite de lo humano

A lo largo de este último capítulo recogeré, de forma pormenorizada, los aspectos más interesantes de los argumentos que ya he comentado a lo largo de este trabajo.

Es importante señalar que los estudios de Lewis abarcan muchos más aspectos de los que he tratado hasta ahora y que merecen, al menos, una breve mención.

La afectividad, por ejemplo, ocupa un importante lugar a lo largo de los estudios del autor de *Las crónicas de Narnia*. Lewis distingue distintos tipos de afectividad, de amores, que describe con gran detalle. Habla de amores-dávida (aquellos en los que se entrega) y amores-necesidad (centrados en el yo, en recibir). Cualquier tipo de amor puede convertirse en amor-dávida o amor-necesidad. El afecto, el eros, la amistad o la caridad son los cuatro arquetipos del amor en los que Lewis centra sus investigaciones. Esta cuestión abarca una gran parte de los estudios y ensayos del autor inglés siendo uno de los ejes de su antropología.

Otra de las cuestiones fundamentales tratada por este autor es el problema del dolor. El dolor se configura como "el altavoz" de Dios. Frente a las argumentaciones de ateos y agnósticos coetáneos que esgrimían el dolor como uno de los pilares fundamentales sobre el que sostener la imposibilidad de Dios, Lewis decide enfocar el problema del dolor como un instrumento divino. El dolor se experimenta como un mal, como algo que no es bueno en sí mismo, pero que, al mismo tiempo, puede tener efectos beneficiosos. El hecho de que un gran sufrimiento tenga efectos beneficiosos o no depende en gran medida de la actitud con que se afronte dicho sufrimiento. Por esta razón, concluye Lewis, el dolor, que por definición carece de sentido sólo puede superarse cuando se le dota de un sentido, es decir, mediante la actitud.

Resulta interesante recoger, aunque sea de forma breve, la argumentación sostenida por Lewis frente al escepticismo de Hume. De forma concreta en el ensayo *Milagros* (Lewis, C.S. 1997a) el profesor inglés sostiene que son nuestras concepciones previas las que nos llevan al escepticismo o a la credulidad. La interpretación que se hace de cualquier experiencia depende de la concepción previa con que se analice. Según Lewis, si nos acercamos con la mente cerrada a cualquier experiencia de tipo sobrenatural siempre es factible encontrar una explicación racional a cualquier suceso. Para poder creer en la experiencia de los milagros es necesario que se cumplan dos condiciones, la primera que creamos en la estabilidad, en un orden de la naturaleza. La segunda que creamos en una realidad más allá de la naturaleza que puede intervenir sobre dicha estabilidad.

De igual forma, los ensayos y estudios realizados por el profesor Tolkien abarcan, de una manera más profunda y diversa, aspectos sobre la literatura, la mitología y los cuentos de hadas que no he recogido a lo largo de este trabajo y que merecen un estudio mucho más extenso que el que ahora nos ocupa.

Ahora bien, creo que sería interesante observar detenidamente la antropología esbozada por Tolkien y la manera en que se configura dentro del sub-universo creado por el propio escritor a lo largo de sus novelas. De igual manera estudiar los elementos principales que configuran el universo de Narnia o de la trilogía Ransom pueden servir como ejemplo de referencia a como, a través del estudio de la narración (ya sea literaria o audiovisual) podemos comprender mejor el *mapa humano*, el marco conceptual en el que definimos qué es hombre, de una época.

9.1. La antropología de C.S. Lewis

Lewis, al igual que otros autores de mediados de siglo, tiene una visión pesimista del hombre moderno. Los grandes avances científicos e industriales, las teorías psicológicas y filosóficas han incidido de forma negativa sobre nuestra mentalidad. El hombre se "deja llevar" por los descubrimientos y por unos conocimientos que esgrime sin saber exactamente qué hacer con ellos.

Ya he recogido en puntos anteriores la postura de C.S. Lewis sobre la ciencia y la visión parcial, o sesgada, de la realidad de esta. En sus obras literarias (como en la trilogía Ramson) Lewis extiende su crítica a las numerosas posturas filosóficas que han sido influidas por el "entusiasmo científico" y que, en cierta forma, abalan o defienden dicha postura.

Quizá la principal "ventaja", o analizado desde otro punto de vista, su característica más atractiva es que la ciencia, como herramienta que manipula el mundo, es muy efectiva. El hombre puede, si lo desea, modificar cualquier cosa a su antojo para que se adapte a sus necesidades o caprichos.

La literatura y el cine contemporáneos reflejan a la perfección esa imagen de la ciencia, la industria y la filosofía. Nadie se extraña hoy día cuando, habiendo sido prohibida la clonación humana (mantenida en suspenso mientras se logra una reflexión más profunda y madura), se alzan voces de científicos e ingenieros aseverando que serán los primeros en clonar la vida humana y que el progreso no puede ser detenido bajo ninguna circunstancia. ¿Por qué es tan importante el progreso? ¿Por qué hay que anteponerlo incluso al razonamiento y a la meditación sobre el producto de la ciencia y sus repercusiones?

Esta mentalidad queda ejemplificada de un modo magistral en el tercer volumen de la trilogía Ransom, en *Esa horrible fuerza*.

En esta novela aparecen dos organizaciones claramente delimitadas. Por un lado, la Asamblea, un grupo de personas que luchan contra la política *deshumanizadora* del I.N.E.C. (Instituto Nacional de Experimentos Coordinados). El I.N.E.C. representa esa singular visión del progreso que critica Lewis. Esa manera sesgada de ver el mundo y que, desemboca, en una visión *cosificadora* del hombre.

A lo largo de la novela el lector encuentra, magistralmente escenificada, las distintas posturas acerca del hombre, del mundo y de la ciencia. Posiblemente la que se muestra más profundamente, con mayor claridad, es la retorcida idea de progreso que maneja el I.N.E.C:

> En nosotros la vida orgánica ha producido la mente. Ha cumplido con su obra. Después de eso no la necesitamos. Ya no necesitamos que el mundo esté formado de vida orgánica, como lo que ustedes llaman moho: todo germinando, brotando, procreando y pudriéndose. Debemos librarnos de eso. Poco a poco, desde luego; aprendemos como hacerlo con lentitud. Aprendemos a hacer que nuestros cerebros vivan

cada vez con menos cuerpo; aprendemos a construir nuestros cuerpos directamente con productos químicos, sin tener que atosigarlos más con animales o hierbas muertas. Aprendemos cómo reproducirnos sin copulación. (Lewis, 1994, pp. 228)

En esta novela cuando Lewis define al hombre lo hace como un todo, como una unidad cuerpo-mente indivisible. El hombre es corporalidad (no meramente corpóreo) la vieja división cuerpo-mente es una de las causas, quizá la fundamental, que motiva la forma en que la ciencia puede objetivar al cuerpo, cosificarlo. Cuando Lewis habla del ser humano, de su identidad lo define de la siguiente forma:

> ¿Y suponiendo que uno fuera una cosa después de todo, una cosa diseñada e inventada por algún otro y valorada por cualidades completamente distintas a aquellas que uno había decidido considerar como su verdadero yo? [...] En esa altura y profundidad y extensión la pequeña idea de sí misma que hasta entonces había llamado *yo* se dejó caer y se esfumó sin agitarse, en la distancia sin fondo, como un pájaro en el espacio sin aire. El nombre *yo* era el nombre de un ser cuya existencia nunca había sospechado, un ser que no existía aún del todo pero que era reclamado. Era una persona (no la persona que ella había creído) y, sin embargo, al mismo tiempo, una cosa (una cosa hecha, hecha para complacer a otro y, en él a todos los demás), una cosa que era hecha en ese mismo instante, sin que ella la eligiera, hasta adquirir una forma en la que no había soñado jamás.
> Y el acto de hacer prosiguió en medio de una especie de esplendor o de pena o de ambas cosas, por lo que no pudo distinguir si residía en las manos que moldeaban o en la materia moldeada. (Lewis, 1994, pp. 421-422)

El ser humano es un todo. Un todo que se define por el amor (hacia el otro y hacia sí mismo) y por su inespecificidad, por sus ilimitadas posibilidades. Al observar el cuerpo como un objeto susceptible de posesión (mi cuerpo, como mis botas o mi traje) es cuando el hombre se destruye a sí mismo y se considera que hay "partes" dentro del hombre que son más importantes que otras. La identidad del hombre pasaría a ser sólo su mente, su intelecto, y se prescindiría del cuerpo (su parte mortal) par iniciar el camino de la inmortalidad. Lewis nos advierte sobre los peligros de ese camino cuyos recodos son tan oscuros como su destino. Lograr la inmortalidad a cambio de qué.

[...] era una cabeza (el resto de una cabeza) a la que le habían quitado la parte superior del cráneo y después... después... como si algo hubiera hervido y desbordado en su interior. Una enorme masa que sobresalía del interior de lo que quedaba del cráneo. Envuelta en una materia compuesta, pero muy delgada. Podía verse cómo se contraía. A pesar del temor que sentía, recuerdo haber pensado: "Oh, mátenlo, mátenlo. Pónganle fin a su dolor.". Pero sólo por un segundo, por que en realidad creía que la cosa estaba muerta. Tenía un aspecto verdoso, la boca abierta de par en par y completamente seca. [...] Estaba sujeta sobre una especie de consola, de estante, de pedestal... no sé muy bien qué, y había cosas colgando de ella. Del cuello quiero decir. Sí, tenía cuello y una especie de collar alrededor, pero nada debajo del collar: ni hombros, ni cuerpo. Sólo aquellas cosas colgando. En el sueño, pensé que era algún tipo nuevo de hombre que sólo tenía cabeza y entrañas; creía que los tubos eran sus órganos. Pero pronto, no sé muy bien cómo, comprendí que eran artificiales. [...] súbitamente, como cuando arranca un motor, le brotó un soplo de aire de la boca, como un áspero y seco sonido raspante. Después otro, y se estabilizó en una especie de ritmo: juff, juff, juff que parecía imitar la respiración. Después ocurrió algo horrible: la boca empezó a babear. Sé que suena tonto, pero en cierto sentido, tuve compasión por aquello, porque no tenía manos y no podía limpiarse la boca. [...] Después empezó a mover la boca, a lamerse los labios. Era como alguien que prepara una máquina para que funcione." (Lewis, 1994, pp. 237-238)

La búsqueda de la inmortalidad nos ha llevado, durante el final del siglo pasado, por el camino de la clonación y de la cyborgización. Ambas son una forma de control y manipulación del cuerpo, la primera mediante la creación del duplicado necesario para sobrevivir y la segunda mediante la reparación técnica del cuerpo.

No obstante esta inmortalidad es engañosa ya que no desemboca en la pervivencia del ser humano, sino la creación de uno nuevo, algo que ya no es humano.

9.2. De hobbits, elfos y hombres. La antropología de J.R.R. Tolkien

A lo largo de este trabajo he sostenido que las criaturas no humanas que pueblan los mitos, las leyendas y la imaginación son útiles para ayudarnos a dibujar el mapa del hombre, para saber quiénes somos realmente.

El universo creado por Tolkien es un claro ejemplo de ello. La Tierra Media y las criaturas que la habitan son un perfecto ejemplo en tanto que nos ayudan a comprender mejor al hombre del siglo XX, su mentalidad y sus límites. La interpretación de una obra literaria no se agota en lo que podemos aprender de su autor, en muchos casos dependiendo de la obra en concreto, podemos averiguar la mentalidad de una época, el marco cultural en el que fue creada y otros aspectos interesantes que van más allá del autor. Cuando esa obra, como el caso de *El señor de los anillos*, implica la creación de toda una mitología, una historia y, en definitiva, un universo complejo poblado de criaturas no humanas, se nos brinda la posibilidad de someter a juicio todo aquello que damos por sentado acerca de nosotros mismos, del ser humano. Al entrar en el juego narrativo que el autor nos propone lo que hacemos es comparar aquello que sabemos sobre nosotros mismos con un mundo desconocido en el que hay criaturas que son nuestro reflejo (ya sea magnificado o mermado, en positivo o negativo) de lo que es el hombre.

En las novelas del profesor Tolkien aparecen diversas criaturas que interaccionan con los seres humanos. Hobbits, elfos, enanos, orcos, ents y demonios del mundo antiguo, todas estas criaturas son, en cierta forma más (y menos) que seres humanos. Entes que poseen características deseables o aborrecibles y que pueden ayudar a dibujar el mapa actual del ser humano. Por ello es interesante dedicar algunas líneas a estudiar mejor cada una de ellas por separado.

- *Los Elfos:* En una carta a Milton Waldman, Tolkien afirma: "El hado de los Elfos es ser inmortales, amar la belleza del mundo, llevarla a pleno florecimiento mediante sus dones de delicadeza y perfección, durar mientras ella dura, no abandonarla nunca ni aun cuando se los «mata», sino retornar;" (Carpenter, H. 2002, p. 175). En otra carta, en esta ocasión a Michael Straight, el jefe de redacción de New Republic, explica su intención al crear la raza de los elfos:

Los elfos representan los aspectos artísticos, estéticos y puramente científicos de la naturaleza humana, elevada a un grado más alto que la que realmente se ve en el hombre. Esto es: ellos tienen un apasionado amor por el mundo físico, y un deseo de observarlo y entenderlo por sí mismo, en su alteridad. [...] no lo aprecian sólo como un material de uso o como una plataforma de poder. Los elfos poseen también una facultad artística o subcreacional de gran valía. (Carpenter, 2002, p. 277).

Los elfos son todo aquello que se valora en el hombre, sus más altas virtudes. Merece la pena indagar un poco en el concepto de magia ya que está fuertemente vinculada a los elfos. En otra carta Tolkien admite que el "arte" empleado por los elfos, y que comúnmente se denomina magia, debe diferenciarse de la magia del enemigo (de Sauron) y de otras criaturas.

No he empleado la «magia», coherentemente, y, por cierto, la reina de los Elfos, Galadriel, se ve obligada a reconvenir a los Hobbits por el empleo confuso que hacen de la palabra tanto en relación con las invenciones y las operaciones del Enemigo, como con las de los Elfos. Yo no lo he hecho, porque no existe palabra para designar a las últimas (pues todas las historias humanas han sufrido de la misma confusión). Pero los Elfos han de demostrar (en mis cuentos) la diferencia.
Su «magia» es Arte, despojada de muchas de sus limitaciones humanas: más fácil, más rápida, más completa (el producto y la intuición en una correspondencia sin tacha). Y su objetivo es el Arte, no el Poder; la subcreación, no el dominio y la reforma tiránica de la Creación. Los «Elfos» son «inmortales», al menos en lo que a este mundo respecta; y de ahí que se centran preferentemente en los dolores y las cargas de la inmortalidad en el tiempo y el cambio que en la muerte. (Carpenter, 2002, pp. 173-174)

Quizá la característica fundamental a destacar en los elfos no sea la inmortalidad, de hecho mediante la inmortalidad de los elfos Tolkien quiere mostrar el carácter imperfecto de la mera longevidad como vía hacia la felicidad, sino el desinterés por el poder que de ésta se desprende y que, por el contrario, parece caracterizar a los hombres. Los elfos son criaturas que limitan, de forma superior, al hombre. Son todo aquello a lo que el hombre podría aspirar si no estuviese delimitado por el tiempo, por la muerte. Los elfos no son sólo un ideal virtuoso, sino que poseen una visión del mundo desinteresada. Su "arte" su magia no manipula el mundo con el fin de controlarlo ni en pro de lograr más poder. Podría decirse que los elfos son hombres sin las ambiciones derivadas de sus limitaciones y sin el ansia de poder.

La descripción de los elfos, según el propio Tolkien, sería:

> Los Elfos eran inmortales, y de una sabiduría que medraba con los años, y no había enfermedad ni pestilencia que les diera muerte. Tenían por cierto cuerpos hechos de la materia de la Tierra y podían ser destruidos; y en aquellos días se asemejaban más a los Hombres, pues aún no habían habitado mucho tiempo el fuego del espíritu, que los consume desde dentro con el paso de los años. Pero los Hombres eran más frágiles, más vulnerables a las armas o la desdicha, y de curación más difícil; vivían sujetos a la enfermedad y a múltiples males, y envejecían y morían. Qué es de ellos después de la muerte, los Elfos no lo saben. Algunos dicen que también los Hombres van a las estancias de Mandos; pero no esperan en el mismo sitio que los Elfos, y sólo Mandos bajo la égida de Ilúvatar (y también Manwë) saben a dónde van después del tiempo de la memoria por las estancias silenciosas junto al Mar Exterior. (Tolkien, 2002d, p. 140).

- *Los Hobbits:* Recogiendo las anotaciones del propio Tolkien, su hijo Christopher, nos aclara:

> Los hobbits, por supuesto, representan una rama de la raza específicamente humana (ni elfos ni enanos); de ahí que las dos especies puedan vivir juntas (como en Bree), y se llaman simplemente la Gente Grande y la Gente Pequeña. Están totalmente privados de poderes sobrehumanos, pero se los representa como en contacto más íntimo con la "naturaleza" (la tierra y otras criaturas vivientes, las plantas y los animales) y anormalmente libres, según lo que es corriente en los humanos, de ambiciones o la codicia de la riqueza. Se los hace *pequeños* (tienen poco más de la mitad de la estatura de un hombre, pero decrecen con la edad) en parte para exhibir la mezquindad del hombre, del hombre estrecho de miras y poco imaginativo, aunque no con la pequeñez ni el salvajismo de Swift, y sobre todo para mostrar en criaturas de muy escasa potencia física el asombro e inesperado heroísmo de los hombres ordinarios "en caso de apuro"." (Carpenter, H. 2002, p. 187)

Resumiendo esta idea, y otras recogidas a lo largo de los escritos del profesor Tolkien, los hobbits representan al hombre sencillo, a aquellos hombres que no han olvidado cómo debe vivirse la vida en pro de lograr alguna ambición malsana. En general los hobbits son la gente sencilla del pueblo, poseen la humildad y la capacidad de asombro que el hombre moderno parece haber perdido. Y representan el apego a la tierra que hemos ido olvidando y dejando de lado. No sería justo decir que los hobbits reflejan aquello que el hombre debería ser. Más bien habría que subrayar que son aquello que una vez fuimos. Respecto al ser humano, los hobbits, son seres limítrofes. Salvo por su estatura (y evidentemente por su cultura) son casi iguales que los humanos. Cuando leemos acerca de ellos nos identificamos con la mayoría de sus gustos y podemos ver el mundo desde una perspectiva mucho más humilde (desde un nivel más modesto tanto en altura como en posibilidades). Los hobbits nos muestran aquello que ya no somos y podríamos haber sido hace tiempo a la vez que nos sitúan, de forma bastante clara, en la modernidad occidental. El hombre es cosmopolita, mientras que los hobbits son eminentemente rurales. El hombre es ambicioso y raramente se da por satisfecho mientras que la gente pequeña es feliz con una buena comida y sólo quiere vivir con tranquilidad...

- *Los orcos:* Los orcos (y su forma menor, los trasgos) provienen de los elfos. Criaturas de la luz que fueron apresadas y torturadas por Morgoth (poder maligno). Ilúvatar (dios único, creador de elfos y hombres) prohibió a los grandes poderes (a los valar) que crearan otras criaturas inteligentes. Morgoth quebrantó esa prohibición pervirtiendo a los elfos y creando la raza de los orcos a partir de ellos. Mucho más tarde, a lo largo de la tercera edad, durante la guerra del anillo, los orcos fueron *mejorados* por Sauron (un maiar, poder menor) e incluso Saruman el mago creó híbridos entre orcos y hombres. Los orcos son criaturas infrahumanas, el límite inferior del mapa humano. Si se observan detenidamente encontramos en ellos todo lo que el hombre moderno aborrece, todo lo negativo que no quiere ser. Acerca de los orcos Tolkien comenta en sus cartas:

> Serían los más grandes Pecados de Morgoth, abusos de su más alto privilegio, y serían criaturas engendradas por el Pecado y naturalmente malvadas. (Estuve a punto de decir "irredimiblemente malvadas", pero eso sería ir demasiado lejos. Porque aceptando y tolerando su hechura – necesaria para su existencia concreta – aun los Orcos se volverían parte del Mundo, que es de Dios y en última instancia bueno.) Pero que tengan "alma" o "espíritu" parece una cuestión diferente; y como en mi mito, de cualquier modo, no concibo la hechura de almas o espíritus, criaturas del mismo orden aunque no del mismo poder que los Valar, como una posible "delegación", he presentado por lo menos a los Orco como seres reales preexistentes sobre

los que el Señor Oscuro ha ejercido plenitud de poder remodelándolos y corrompiéndolos, no haciéndolos." (Carpenter, H. 2002, p. 230)

Queda patente que en la mitología de Tolkien Morgoth no puede "Crear" seres inteligentes, darles almas, pero sí que puede transformarlos hasta tal punto de que sean seres completamente diferentes. Los orcos (como los elfos) son muy similares a los humanos ya que poseen alma, a la vez que son muy diferentes, los elfos como límite superior y los orcos como el inferior del ser humano. El origen de los orcos puede encontrarse en *El Silmarillion*:

> Pero de los desdichados que cayeron en la trampa de Melkor, poco se sabe con certidumbre. Porque ¿quién de entre los vivos ha descendido a los abismos de Utumno o ha explorado las tinieblas de los consejos de Melkor? Dicen los sabios de Eressëa que todos los Quendi que cayeron en manos de Melkor, antes de la caída de Utumno, fueron puestos en prisión, y por las lentas artes de la crueldad, corrompidos y esclavizados; y así crió Melkor la raza de los Orcos, por envidia y en mofa de los Elfos, de los que fueron después los más fieros enemigos. Porque los Orcos tenían vida y se multiplicaban de igual manera que los Hijos de Ilúvatar, y Melkor, desde que se rebelara en la Ainulindale antes del Principio, nada podía hacer que tuviera vida propia ni apariencia de vida, así dicen los sabios. Y en lo profundo del oscuro corazón, los Orcos abominaban del Amo a quien servían con miedo, el hacedor que sólo les había dado desdicha. Quizá sea ésta la más vil de las acciones de Melkor, y la más detestada por Ilúvatar. (Tolkien, J.R.R. 2002d, pp. 64-65)

Una curiosa cuestión acerca de los orcos como seres limítrofes es que, por ejemplo, los orcos son caníbales. De igual manera que muchas de las criaturas no-humanas de la edad media lo eran, sin embargo, el canibalismo es aceptado en determinadas culturas y circunstancias y no implica estar fuera de la especie humana. Los orcos nos muestran algo denostable por el hombre moderno en concreto, no por el hombre de forma universal. Siguiendo la tesis del profesor Choza, debemos aceptar que dibujar el mapa de lo humano es una tarea propia de cada cultura y época. Una tarea que no puede concluir pero que resulta imprescindible para entendernos a nosotros mismos.

- *Los enanos:* A diferencia de los elfos y de los hombres, no fueron creados por Ilúvatar (el dios único) y representan la caída de un valar, de forma similar a la caída de Melkor cuando creó los orcos. Aulë, señor de la tierra, la forja y la minería creó a los enanos, aunque no por egoísmo, como Melkor.

> Aulë, por ejemplo, uno de los Grandes, en cierto sentido "cayó" porque deseaba de tal modo ver a los Hijos, que se impacientó e intentó anticiparse a la voluntad del Creador. Siendo el más grande de los artesanos, trató de hacer criaturas, de acuerdo con el conocimiento imperfecto propio de su especie. [...] Aulë no había hecho esto por el maligno deseo de tener esclavos y súbditos propios, sino por amor impaciente, deseoso de criaturas con las que conversar y a las cuales enseñar, compartiendo con ellas las alabanzas a Ilúvatar y el amor por los materiales de que está hecho el mundo. (Carpenter, H. 2002, pp. 335-336)

Las creaciones de Aulë no eran perversiones, como las de Melkor, sino un acto de amor hacia la creación. Los enanos sólo eran creaciones imperfectas (ya que Aulë no tenía el don para dar verdadera vida). Carpenter recoge más información de la misma carta anterior: "estas criaturas tuyas sólo tienen tu voluntad y tu movimiento. Aunque has inventado una lengua para ellas, sólo pueden comunicarte tu propio pensamiento. Esto es un pobre remedo de mí." (Carpenter, H. 2002, p. 336). Finalmente, Ilúvatar, conmovido por el amor de Aulë, decidió dar vida a los enanos creados por Aulë. Los enanos son de corta estatura, fuertes como la piedra de la que fueron moldeados, poseen una larga vida (aunque no son inmortales como los elfos) y aman las piedras y metales preciosos que duermen en la tierra. Son un pueblo orgulloso y testarudo y son más parecidos a los hombres que los elfos. Como criaturas limítrofes poseen muchas de las características que poseen los hombres, pueden sucumbir al ansia de poder, aunque no de la misma manera. Los enanos aprecian el oro y las joyas sobre todas las cosas y pueden ser muy egoístas dado el caso. En El hobbit encontramos el caso de Thorin Escudo de Roble, el príncipe enano prefiere luchar hasta la muerte antes que compartir el tesoro rescatado de las garras de Smaug el dragón. Los enanos comparten con el hombre muchos de sus apetitos y gustos y, de hecho, son junto con los hobbits, las criaturas limítrofes más cercanas a los seres humanos.

Sobre el origen y las capacidades de los enanos escribe Tolkien:

Entonces Aulë tomó a los Siete Padres de los Enanos y los puso a descansar en sitios distintos y apartados; y regresó a Valinor, y esperó mientras los largos años se prolongaban.

Como habrían de aparecer en los días del poder de Melkor, Aulë hizo a los Enanos fuertes y resistentes. Por tanto, son duros como la piedra, empeñosos, rápidos en la amistad y en la enemistad, y soportan el trabajo y el hambre y los dolores del cuerpo más que ninguna otra criatura que tenga el don de la palabra; viven largo tiempo, mucho más que los días de los Hombres, pero no para siempre. Se sostuvo en otro tiempo entre los Elfos de la Tierra Media que al morir los Enanos volvían a la tierra y a la piedra de que estaban hechos; sin embargo, no es eso lo que ellos mismos creen. Porque dicen que Aulë el Hacedor, a quien llaman Mahal, cuida de ellos y los reúne en Mandos, en estancias apartadas; y que Aulë declaró a los primeros Padres que Ilúvatar los consagrará y que les dará un lugar entre los Hijos cuando llegue el fin. Tendrán entonces la misión de servir a Aulë y ayudarlo a rehacer a Arda después de la Última Batalla. Dicen también que los Siete Padres de los Enanos retornan para vivir entre los suyos y para ponerse una vez más los nombres antiguos de los que Durin fue el más notable en tiempos posteriores, padre del pueblo que más amistad tuvo con los Elfos, y cuyas mansiones se encontraban en Khazad-dûm. (Tolkien, J.R.R. 2002d, p. 55)

- *Los hombres:* En la mitología creada por el profesor Tolkien se refleja, de un modo alegórico, la caída del hombre. Esta caída en desgracia viene representada por la historia de Númenor (ciudad de los Altos Hombres) y los hombres de antaño. Los numeroneanos son hombres que aprendieron su cultura y sus habilidades de los elfos. En cierta forma fueron "educados" por ellos y, por lo tanto, poseen una categoría moral más alta. Físicamente son idénticos a los hombres (algunos son más altos en estatura) que no siguieron las enseñanzas de los elfos, salvo que tras su "educación" los numeroneanos obtuvieron una vida más larga (casi el triple de lo normal). Al principio estos hombres estudiaron el mundo en sí mismo, como un fin. Se hicieron sabios y poderosos, sin embargo, los Valar les pidieron que no navegaran jamás al oeste (una prohibición semejante a no comer de la proverbial manzana). Los hombres cumplieron el mandato y navegaron en todas las restantes direcciones, al sur, al norte y al este. Los hombres no estaban conformes con la duración de sus vidas (este descontento es, quizá, la característica más definitoria del ser humano para Tolkien) y pronto vieron en el oeste la respuesta a sus preguntas. Finalmente, tras siglos de acatar el mandato de los Valar, se embarcaron hacia el oeste y así sucedió la primera caída. Aquellos que no se embarcaron al oeste partieron a la tierra media y se mezclaron con los hombres comunes.

El relato del origen de los Dunedain (o numeroneanos) y de su caída aparece en *El Silmarillion*:

> Entonces los Edain se hicieron a la vela sobre las aguas profundas, detrás de la Estrella; y los Valar pusieron paz en el mar por muchos días, y mandaron que el Sol brillara, y enviaron vientos favorables, de modo que las aguas resplandecieron ante los ojos de los Edain como ondas cristalinas, y la espuma volaba como la nieve entre los mástiles de los barcos. […] los Edain llegaron a la vista de la tierra que les estaba preparada, Andor, la Tierra del Don, que resplandecía en vapores dorados. Entonces abandonaron el mar, y se encontraron en un campo hermoso y fructífero, y se alegraron. Y llamaron a esa tierra Elenna, que significa "Hacia las Estrellas"; pero también Anadûnê, que significa "Promontorio del Occidente", Númenórë en Alto Eldarin.
> […] Pero no escaparon por ello al destino de la muerte que Ilúvatar había impuesto a toda la Humanidad, y todavía eran mortales, aunque de años más prolongados, y no conocían la enfermedad hasta que la sombra caía sobre ellos. Por tanto se volvieron sabios y gloriosos, y en todo más semejantes a los Primeros Nacidos que ninguna otra de las tribus de los Hombres; y eran altos, más altos que el más alto de los hijos de la Tierra Media; y la luz que tenían en los ojos recordaba la luz de las estrellas refulgentes. Pero crecieron lentamente en número, porque aunque les nacían hijas e hijos, más bellos que sus progenitores, los vástagos eran escasos.
> […] Pero los señores de Valinor les ordenaron que no perdiesen de vista las costas de Númenor si viajaban hacia el oeste, y durante mucho tiempo los Dúnedain estuvieron contentos, aunque no comprendían del todo la finalidad de esta prohibición.
> […] Ahora bien, este anhelo crecía con los años; y los Númenóreanos empezaron a mirar con deseo la ciudad inmortal que asomaba a la distancia; y el sueño de una vida perdurable, para escapar de la muerte y del fin de las delicias, se fortaleció en ellos; y a medida que crecían en poder y en gloria, estaban más intranquilos.
> […] Y Sauron acudió. Desde su poderosa torre de Barad-dûr acudió, pero no a combatir. Porque advirtió que el poder y la majestad de los Reyes del Mar sobrepasaban todos los rumores, y que ni siquiera los más grandes de los vasallos de Angband podrían hacerles frente; y entendió que no había llegado el momento de que se impusiese a los Dúnedain. Y era taimado, hábil para salirse sutilmente con la suya cuando la fuerza no le valía. Por

tanto se humilló ante Ar-Pharazôn y pronunció dulces palabras, y los hombres se asombraron, pues todo cuanto decía parecía justo y sabio. [...] Entonces Ar-Pharazôn se volcó a la veneración de la Oscuridad, y de Melkor, el Señor Oscuro, en secreto al principio, pero abiertamente y delante de todos poco después; y la mayoría del pueblo lo siguió. (Tolkien, J.R.R. 2002d, pp. 353-369)

Así se relata la primera caída del hombre. Más tarde, ocurre la segunda caída, cuando Isildur, rey de los hombres de Gondor, rehúsa destruir el anillo de poder pues lo desea para sí mismo.

Pese al aparente pesimismo, similar al expresado por Lewis, de la visión que da el universo Tolkiniano sobre el hombre en realidad la verdadera historia que se narra, especialmente en la novela *El Señor de los anillos*, es la de la redención del hombre.

Los hombres han "caído" – cualesquiera leyendas enunciadas en forma de supuesta historia antigua de este nuestro mundo concreto debe aceptar eso-, pero los pueblos del Oeste, el lado bueno, están Reformados. Es decir, son los descendientes de los Hombres que intentaron arrepentirse y se marcharon hacia el Oeste para huir del dominio del Señor Oscuro Primordial y de su falsa idolatría, y, a diferencia de los Elfos, renovaron (y ampliaron) su conocimiento de la verdad y la naturaleza del Mundo. (Carpenter, H. 2002, p. 239)

El hombre moderno necesita redimirse, alzarse de su caída y ampliar y renovar su conocimiento del mundo. Como ejemplo de héroe (o ideal) de hombre que se redime es Aragorn en la novela de *El señor de los anillos*. Aragorn es:

[...] un "buen" hombre que estaría dispuesto a morir voluntariamente o debería hacerlo sometiéndose con confianza antes que lo obligaran. Puede que esta haya sido la naturaleza del hombre no caído; aunque la compulsión no lo amenazara; desearía y pediría "continuar" hacia un estado más elevado. (Carpenter, H. 2002, p. 335).

La caída del hombre, por lo tanto, se caracteriza por el deseo de obtener mediante la magia (la ciencia) algo que no le es dado de forma natural, que trasciende los límites de lo que es humano, por ejemplo, la vida eterna.

En cuanto al origen de los hombres se dice en *El Silmarillion*:

Cuando por primera vez se elevó el Sol, los Hijos Menores de Ilúvatar despertaron en la tierra de Hildórien, en las regiones orientales de la Tierra Media; pero el primer Sol se elevó en el oeste, y los ojos de los hombres se abrieron vueltos hacia allí, y cuando anduvieron por la Tierra, hacia allí fueron casi siempre. Los Eldar llamaron a los Atani el Segundo Pueblo, pero también Hildor, los Seguidores, y muchos otros nombres: Apanónar los Nacidos Después, Engwar los Enfermizos, y Fírimar los Mortales; y además los llamaron los Usurpadores, los Forasteros y los Inescrutables, los Malditos, los de Mano Torpe, los Temerosos de la Noche y los Hijos del Sol. Poco se dice de los Hombres en estos cuentos, que se refieren a los Días Antiguos, antes del medro de los mortales y la mengua de los Elfos, salvo de esos Padres de los Hombres, los Atanatári, que en los primeros años del Sol y la Luna se mudaron al norte del mundo. Ningún Vala fue a Hildórien para guiar a los Hombres o llamarlos a Valinor; y los Hombres les han tenido siempre a los Valar más miedo que afecto, y no han comprendido los propósitos de los Poderes, pues les parecen ajenos y contrarios a la naturaleza del mundo. (Tolkien, J.R.R. 2002d, pp. 138-139)

9.3. La ética en la épica de J.R.R. Tolkien y C.S. Lewis

La cuestión ética en torno a la que gira la épica de Tolkien es el poder. Odero recoge, en su libro *J.R.R. Tolkien, Cuentos de hadas*:

La "voluntad de poder" es la forma más típica de pecado o desorden, la más propia de los espíritus. Este apetito de dominio es perverso en cuanto se ejerce por encima de la ley, es decir, más allá del límite fijado previamente por el Creador y previamente reconocido por la inteligencia. La voluntad de dominio es el síntoma de una voluntad que quiere operar "antes" que el entendimiento. Tolkien jamás afirmará que el poder como tal sea malo. El mal está siempre en la voluntad desordenada: desear un poder que naturalmente no nos ha sido concedido. (Odero, J.M. 1987, p. 71)

Aplicando estos conceptos al mapa que estamos dibujando del hombre moderno, nos encontramos con que ciertamente nuestra voluntad trata de alcanzar objetivos que aún no hemos comprendido con nuestro intelecto. Sabemos cómo lograr esos prodigios (la clonación, crear seres biomecánicos, etc...) pero aún no los hemos comprendido en toda su complejidad, sus repercusiones, sus implicaciones...

En las obras de Tolkien los personajes viven inmersos en una gran epopeya (tanto en *El Silmarillion*, como en *El Hobbit* o en *El señor de los anillos*). Quizá por ese motivo es tan sencillo observar como las acciones tienen consecuencias claras. Sin caer en el maniqueísmo el profesor Tolkien logra que la misma ley natural que defiende su amigo Lewis, aflore a lo largo de toda su obra mostrando los peligros que amenazan al hombre moderno y cómo la ley natural ayuda a evitarlos.

Tolkien ejemplifica la diferencia entre el poder por sí mismo y el poder malogrado por la voluntad mediante la magia. Recogiendo de nuevo las palabras de Odero:

> "Magia" en Tolkien es, en general, la técnica, el saber producir cosas; también es el Arte en general. Su nota más característica es la inmediatez: producir efectos con mayor velocidad y reducción del esfuerzo, minimizando el intervalo que media entre la ideación de lo deseado y su efectiva realización. En ese sentido, nuestras máquinas serían las formas más ordinarias del impulso "mágico". (Odero, J.M. 1987, p. 73).

La magia es Arte, su forma más elevada, cuando se usa de forma ordenada, a la manera élfica (o como la emplea Gandalf), es magia subcreadora, es técnica que pretende conseguir una correspondencia total entre la idea y el producto final sin superar los límites humanos naturales. La magia controlada por una voluntad desordenada es la magia del engaño (la que emplea Sauron o Saruman), es la dominación tiránica de la naturaleza, doblegar el mundo a los deseos egoístas. Tratar de superar los límites impuestos a una especie.

C.S. Lewis, en cambio, dibuja una ética mucho más concreta. En *Cartas del diablo a su sobrino*, en el que el profesor emplea el personaje de un diablo instruyendo a su sobrino y en el que el *Enemigo* no es otro que Dios y el cristianismo auténtico, Lewis hace una caracterización de la moral del hombre moderno y del peligro de caer en el amor al cambio por el cambio.

> Los humanos viven el tiempo y experimentan la realidad sucesivamente. Para experimentar gran parte de la realidad, consecuentemente, deben experimentar el cambio. Y ya que necesitan el cambio, el Enemigo (puesto que en el fondo es un hedonista) ha hecho que el cambio les resulte agradable, al igual que ha hecho que el comer sea agradable. Pero como Él no desea

que hagan del cambio, ni de comer, un fin en sí mismo, ha contrapesado su amor a lo permanente. […] Ahora bien, al igual que aislamos y exageramos el placer de comer para producir glotonería, aislamos y distorsionamos el natural placer del cambio hasta una exigencia de absoluta novedad […] De esta forma se llega a una filosofía en la que "el sinsentido en el intelecto puede reforzar la corrupción de la voluntad." (Lewis, C.S. 2023, pp. 124-126).

El estudio ético que realiza C.S. Lewis puede resumirse en la existencia de una ley natural. Lewis defiende, de forma similar a como lo hacían los antiguos, la existencia de una ley natural. Una ley cuyos principios no pueden ser demostrables y que puede ser desobedecida, pero que resulta obvia para todos los seres humanos. El hecho de que no podamos probar los principios de esta ley natural no significa que no sea una ley racional, de sentido común, sino que cualquier razonamiento moral que realicemos proviene de ella.

9.4. El saber narrativo

Finalmente me parece necesario incidir en una tesis que se ha mantenido desde el inicio del presente estudio. Ya he señalado en varias ocasiones la importancia de la narración como un modo de saber, tanto en la narración mítica, como en la literaria o audiovisual. La narración literaria y la mítica han servido de ejemplo en numerosas ocasiones para examinar una u otra cuestión. Creo que es fundamental remarcar la importante función que posee la narración (cualquier narración) como forma primordial para dotar de sentido y comprensión algo. Narrar una historia, incluida nuestra propia historia, es la principal herramienta que posee el hombre para dotar de sentido cualquier cosa.

En *Crítica literaria, un experimento* Lewis realiza una interesante caracterización de la narración mítica en seis puntos que definen el mito no como un mero relato fruto de la invención humana sino como un modo de saber. A continuación, los recogeré de manera resumida (Lewis, C.S. 1982, pp. 35-36):

1) La narración mítica es Extraliteraria: esto es que no importa la forma literaria en que están escritos sino su contenido;

2) el placer que se experimenta al leer un mito no depende de los recursos narrativos empleados al escribirlo;

3) la identificación del lector con los personajes del mito desempeña un papel muy reducido;

4) el mito siempre es fantástico, es decir posee elementos imposibles o sobrenaturales;

5) los mitos siempre son serios ya que de otro modo no podrían transmitir las experiencias (sean estas de la naturaleza que sea);

6) las experiencias que transmiten los mitos suscitan un pavor reverencial debido a que el lector siente ese algo trascendental que se esconde tras las palabras.

En otras palabras, el mito no se enmarca en el campo de la razón, ni tampoco son respuestas a cuestiones particulares. Más bien se trata de un modo de conocimiento intermedio, entre ambas. En el mito se esconden experiencias fundamentales para la vida humana. Sin embargo, resulta muy difícil, cuando no imposible, objetivarlas y concretarlas empleando únicamente la razón.

Al igual que Gadamer, Tolkien, y otros muchos autores, Lewis defiende el mito como modo de saber, sin embargo, sostener que de forma genérica, la narración corresponde a un modo de saber no parece una tarea tan clara.

En la narración, el hombre, no se limita a transcribir los hechos tal como han sido (eso quedaría para el discurso descriptivo) sino que realiza una interpretación de los hechos (si los hubiere) o se erige en sub-creador cuando lo narrado proviene de la imaginación.

De una parte, la narración imaginativa, la creación literaria por ejemplo, no debe ser despreciada como forma de saber sobre el hombre. Tanto Tolkien como Lewis defienden que la narración imaginativa (aquellas novelas, cuentos e historias que son ficticios, sean del género que sean) poseen un valor propio en tanto que contienen las claves necesarias para desentrañar los entresijos de una cultura. Sobre la narración de ficción dice Tolkien:

> A muchos la Fantasía, este arte sub-creativo que le hace al mundo y a todo lo que en él hay sorprendentes trucos y combina nombres y redistribuye adjetivos, les ha parecido sospechosa, cuando no ilegítima. A algunos les ha resultado, como poco, una tontería infantil, algo que queda para la infancia de los pueblos o las personas. Por lo que se refiere a su legitimidad, escribí a alguien que tildaba a los mitos y cuentos de hadas de "mentiras". [...]

Muy señor mío –dije-. Aunque ahora exiliado,
El hombre no se ha perdido ni cambiado del todo;
Quizá conozca la desgracia, pero no ha sido destronado,
Y aún lleva los harapos de su señorío.
El hombre, Sub-creador, es la Luz refractada
Como una astilla sacada del Blanco único
De mil colores que se combinan sin cesar
En formas vivas que saltan de mente en mente.
Aunque poblamos el universo y todos sus rincones
Con elfos y trasgos y nos atrevimos a hacer dioses
Y sus moradas con la sombra y la luz,
Y aventamos semillas de dragones.... era nuestro derecho
(bien o mal usado). Ese derecho sigue en pie:
aún seguimos la ley por la que fuimos hechos."
(Tolkien, 2002b, pp. 175-176)

Con estas palabras Tolkien alude a que nuestra actividad creadora, en concreto la narrativa que le es propia al hombre, tal vez por el mero hecho de haber sido creados con capacidad creadora. Lo cierto es que, mediante la propia narración, en ese acto creador, dotamos de sentido aquello que estamos haciendo.

Ese mismo proceso de sub-creación es el que convierte al hombre. La forma en que se interpreta a sí mismo es mediante la narración. Mediante este proceso de sub-creación el ser humano se convierte, de forma simultanea, en el escritor y protagonista de su propia historia.

Ya he recogido con anterioridad los planteamientos de Paul Ricoeur referentes a la autointerpretación humana y, aplicándolos a la narración, queda patente que la narración sobre la propia experiencia es fundamental para la creación de la imagen del hombre.

Tomando la interpretación que hace el profesor Morey sobre los planteamientos de Ricoeur es posible distinguir entre dos cuestiones fundamentales. Por un lado, el discurso descriptivo y por otro el discurso narrativo. El discurso descriptivo se enmarca dentro de la razón y en él se encuentra una explicación sobre qué son las cosas. Es decir que, si ante nosotros ocurre un hecho tal como, por ejemplo, la muerte de un ser querido desde el discurso descriptivo podremos decir: "hoy ha fallecido fulano de tal", es un hecho objetivo y desprovisto de cualquier tipo de implicación emocional. Al otro lado se halla el discurso narrativo, en él lo importante no serán los hechos "objetivos" sino "el por qué", el sentido de las cosas. Y, ante el mismo hecho no cabría un relato frío y objetivo de la muerte de esa persona sino una reflexión sobre el sentido de dicha muerte. El sentido que busca el discurso narrativo no es compatible con las casualidades ni con el azar, ya que la misma noción de sentido las excluye.

En la búsqueda de sentido, de comprensión, es donde reside la verdadera fuerza de la narración. Gadamer, al igual que Tolkien y Lewis, ataca la idea de que sólo la razón tenga la facultad de conceder sentido a las cosas:

> La imposibilidad de cumplir esta exigencia, la de reconocer todo lo real como racional, significa el fin de la metafísica occidental y conduce a una devaluación de la razón misma. [...] La razón que relega al mito al ámbito no vinculante de la imaginación lúdica se ve expulsada demasiado pronto de su posición de mando. (Gadamer, H.G. 1997, pp. 19-20)

Lewis va un poco más lejos aduciendo que la razón no puede otorgar, en última instancia, sentido a los hechos porque para estudiarlos necesita distancia, y esa distancia nos incomunica de lo que queremos estudiar:

> No se puede *estudiar* el Placer en el momento del abrazo nupcial, ni el arrepentimiento en el momento de arrepentirnos, ni analizar la naturaleza del humor cuando nos estamos riendo a carcajadas. Pero, ¿en qué otro momento podemos conocer esas cosas? "Sólo si se me pasara el dolor de muelas, podría escribir otro capítulo sobre el dolor". Pero, ¿qué se yo sobre el dolor una vez que ha pasado?" (Lewis, C.S. 1997b, p. 57).

En la narración, especialmente si la narración es buena, podemos encontrar un "algo", una cercanía desde la distancia, que nos permite comprender y dar sentido a aquello que tratábamos de comprender en primer lugar.

Por todo ello, y a modo de conclusión, es razonable defender, al igual que defiende la narración Gadamer como algo abierto e infinito, como lo hace Ricoeur resaltando su función interpretativa o como lo hacen Tolkien y Lewis, defendiendo el valor creador que posee; que la narración es, ante todo, un modo de conocer el mundo, de comprender y dotar de sentido el universo que nos rodea y, por supuesto, de conocernos a nosotros mismos. En consecuencia, la filosofía, o la reflexión occidental si se prefiere, no puede quedarse estancada únicamente en la razón, o con las palabras del profesor Arregui "la filosofía acontece, siempre y en cada momento como un paso del mito al logos" (Arregui, J.V. 1994, p. 117). Es decir, se constituye como un saber narrativo y, continuando con las palabras de Arregui "no puede consumarse como un saber absoluto." (Ibid, p. 125). Más bien se nos presenta como la historia de algo que está ocurriendo, que se rescribe e interpreta en cada instante.

10. Conclusiones

Enlazando todas las ideas expuestas en este trabajo se pueden extraer algunas conclusiones que nos ayuden a esclarecer ciertos parámetros sobre cómo entendemos la identidad humana y, de manera más general, aquello que de manera coloquial denominamos "ser humano".

Y es que entendernos a nosotros mismos pasa, como ya hemos visto, por entender en primer lugar las criaturas y monstruos que pueblan nuestros mitos y leyendas. Ya que para entender quiénes somos, primero necesitamos establecer aquello que no somos y de esta manera, en una especie de comparación, ir delimitando quiénes somos realmente. Rescato aquí la idea defendida por Taylor, recogida en el primer capítulo, sobre que la visión que tenemos acerca de nuestra identidad es algo local, cultural y por ello necesitamos establecer cuáles son los monstruos de nuestra época. Quiénes son aquellos seres que aunque pueden llegar a parecerse a los humanos o que comparten algunas de las características con nosotros son algo distinto. Y esas diferencias son precisamente lo que nos ayudan a perfilar, a delimitar, quiénes somos.

En esta labor son fundamentales los mitos ya que la narración mítica, tal y como la definen Tolkien y Lewis, no es una narración en la que (como suele ocurrir de manera habitual) nos sintamos identificados con el héroe o protagonista. La cualidad más relevante, o al menos la que más interesa a este trabajo, es que el mito transmite verdades con pretensión de universalidad, que trascienden el tiempo independientemente de la forma en que se cuenten. Y precisamente esa pretensión es la que se opone directamente a la forma en que conoce la ciencia.

Siguiendo esa misma línea de pensamiento encontramos la defensa que hace el profesor Arregui sobre la creación literaria (concretamente la creación imaginativa) como una vía distinta a la razón teórica para alcanzar la verdad. Asentando la idea de cómo la narración mitológica pero también la narración fantástica, son una vía lícita e incluso privilegiada para alcanzar verdades que escapan a la ciencia.

Esa verdad dentro del ámbito de las narraciones fantásticas no es un tema menor ya que, de la misma manera en que el mito posee pretensión de universalidad y trascendencia, la creación fantástica es defendida por los dos profesores de Oxford no sólo como forma de expresión artística sino de autocomprensión. Y no son los únicos en este sentido. La creación fantástica despierta el deseo, lo estimula y lo satisface.

Tolkien habla de la creación literaria como el mayor arte. "Pocos se atreven con tareas tan arriesgadas. Pero cuando se intentan y se alcanzan, nos encontramos ante un raro logro del Arte: auténtico arte narrativo, fabulación en su estado primario y más puro." (Tolkien J.R.R. 2002b, p. 171)

Cuando se incluye un elfo o un trasgo en una narración no sólo sirven de antagonista o de aliado para héroe de la narración, sino que suponen un contrapunto, la contraposición y límite de lo humano. En la creación literaria de corte fantástico el autor pone rasgos y características humanas en criaturas que, por otro lado, se alejan de lo que somos. La creación fantástica trata sobre esas mismas verdades fundamentales que recoge el mito y por ello, aunque el tema concreto de esa historia no sea verdadera las cuestiones fundamentales a las que alude sí lo son y los rasgos que se establecen para estas criaturas no humanas también lo son.

A lo largo de toda su obra, tanto el profesor Tolkien como Lewis, defienden el uso de la fantasía, como reconocimiento de la realidad tal y como es a la vez que resulta una liberación de las ataduras de dicha realidad. No en vano, en los primeros pasos en firme de la filosofía, encontramos el uso del mito muy extendido entre los filósofos para explicar de una manera más completa sus ideas. El propio Platón, sin ir más lejos, hace uso del mito de la Atlántida para explicar sus ideas sobre la sociedad ideal.

El mito nos permite trabajar a medio camino entre lo que es y lo que deseamos que sean las cosas. Y en ese desear ponemos gran parte de nosotros mismos en esos mundos creados, dejamos nuestra impronta en esa fantasía, y esa huella es la que debemos seguir para entendernos a nosotros mismos.

Una vez establecida la relevancia de la creación fantástica (tanto del mito como de la narración fantástica) para ahondar en verdades universales y su importancia a la hora de profundizar en la cuestión sobre la identidad gracias a las criaturas y monstruos que los pueblan es cuando se hace necesario hacer una breve parada para establecer qué entendemos por monstruo. Como ya quedó recogido en el capítulo sobre el ser humano y lo desconocido, es el profesor Marín quien nos orienta en la respuesta sobre qué es el monstruo, que lo otro a lo humano es "estar poseído por una medida extraña y distinta de la medida en la que la comunidad se reconoce" (Marín, 1997, P.152).

Sin embargo, no debe perderse de vista la cuestión de que lo que hacen estos monstruos principalmente es ampliar la visión o cambiar la delimitación, si se prefiere la expresión, de lo que vamos entendiendo por "ser humano" a lo largo de la historia.

El monstruo es lo otro a lo humano, aquello que se nos parece pero también que difiere de lo que somos. Recoge aquello que tememos o deseamos (como la sed de sangre o la inmortalidad si hablamos de un vampiro) marcando los límites de lo que entendemos por ser humano. Pero, con el tiempo, puede servirnos para ir ampliando o definiendo esos límites. En el siglo XVIII un ser capaz de sobreponerse a la muerte gracias a la tecnología era un monstruo (como el de Frankenstein) mientras que hoy día una persona que lleva una maquina en su corazón (como un marcapasos) para poder vivir es un ser humano de pleno derecho. Los límites, la forma de entendernos a nosotros mismos van moviéndose al tiempo que lo hacen los monstruos que cada sociedad va creando. De ahí que los monstruos que atormentaban a los clásicos no sean los mismos que hoy turban nuestros sueños o pueblan nuestras historias.

Queda patente, siguiendo el recorrido planteado en cada uno de los puntos, que las figuras que mejor delimitan nuestra identidad son aquellas que pareciéndose al ser humano se diferencian de él. De tal manera que si en la antigua Grecia hablábamos de sirenas y minotauros, en el medievo son los salvajes inhumanos (como los blemmyas o los astomori) los seres que dibujan las fronteras de lo humano.

No obstante, al llegar a la modernidad y al auge de la *techne*, surgen nuevos monstruos creados por el propio ser humano como el homúnculo o Frankenstein. Estas nuevas criaturas son los que nos permiten ver con claridad y, más importante aún, cierta antelación las sombras que se mueven justo en la periferia de esa estrecha visión de la ciencia.

Surge de nuevo la cuestión de los dos saberes antagónicos, la ciencia como un bisturí certero que atraviesa los problemas en busca de una solución y el saber más universal y trascendente propuesto por la narración fantástica.

Es la creación fantástica la que vuelve a advertirnos de los peligros de dejarnos llevar por la ciencia creando toda clase de monstruos que delimitan aquello que ya no es humano. El poder de la imaginación, enarbolado por la fantasía, se anticipa a los avances de la ciencia. Nos muestra las zonas sombrías creadas por la propia luz de la ciencia.

Aparecen los ciborgs, los androides, los robots, el clon y toda clase de criaturas hijas de la ciencia que se parecen lo suficiente al ser humano como para perturbarnos y entender que no todo avance científico implica progreso. Se hace necesaria la reflexión, un breve pararse en el camino, para meditar sobre estas nuevas criaturas que ahora pueblan nuestros libros, películas, comics y narraciones en general. Y que, al igual que ocurriera con la imaginación de Verne, pueden convertirse en una realidad más pronto que tarde.

La narración es, sin lugar a dudas, la forma en que nos interpretamos. La manera que tenemos de entendernos a nosotros mismos. Cuando contamos nuestra propia historia lo que estamos haciendo es dotar de sentido todo aquello que hemos vivido, que somos. Aristóteles decía en referencia a la poesía (*poiesis* como creación literaria) "… la diferencia está en que uno [la historia] dice lo que ha sucedido y el otro [la *poiesis*] lo que podría suceder. Por eso también la poesía es más filosófica y elevada que la historia; pues la poesía dice más bien lo general, y la historia lo particular." (Aristóteles, 1974)

No es necesario citar a Ricoeur ni a Taylor para dejar patente que la autointerpretación está presente en cada faceta de nuestras vidas a un nivel tan orgánico que se realiza de manera casi inconsciente. Cuando se le cuenta un problema a un amigo, cuando se narran unas vacaciones o un conflicto en el trabajo lo que se está haciendo es dotar de sentido el hecho vivido, asimilándolo a la imagen que la persona tiene de sí mismo.

De igual manera adoptamos como nuestras y dotamos de sentido las narraciones que nos rodean, asimilándolas y asumiendo esa parte de verdad que nos transmite la fantasía y el mito.

Es por eso que cuando vemos una película en la que clonan al protagonista y debe combatir con su propio clon reinterpretamos nuestra visión del mundo planteando qué clase de criaturas puede albergar este mundo. Nos planteamos si ese clon es un quién o es un qué. Si es o no humano. Y la respuesta a esa pregunta, a esa reflexión, es fundamental para entender nuestro lugar en el mundo, ya que tratamos de entender como encajaría yo en toda esa historia y por qué (y en qué sentido) soy algo distinto a un clon.

De igual forma cuando leo un comic en el que se trasplanta la consciencia de un ser humano a un cuerpo cibernético y la protagonista se plantea de manera cartesiana su propio yo y la realidad de su pensamiento, no podemos dejar a un lado dichas cuestiones y tacharlas simplemente de fantasía irrelevante para nuestra reflexión filosófica.

Es mucho más sencillo para una sociedad tratar determinados temas con una narración fantástica e iniciar así un debate sobre esa cuestión que hacerlo de manera directa.

Sin embargo, para entender nuestra identidad puede ser tan relevante el concepto filosófico de la ipseidad como comprender que si un individuo expuesto a un proceso científico (o no tan científico como es la picadura de un insecto radioactivo) adquiriese unas habilidades que le hacen romper los límites de lo humano (como trepar por las paredes con las manos desnudas o poder levantar un coche sobre su cabeza) se convertiría, automáticamente, en un ser limítrofe. En otra cosa que un ser humano.

Cuando en la creación literaria, cinematográfica o cualquier tipo de narración surge un personaje como, por ejemplo, un elfo inmortal, es obvio que se ha creado en contraposición a la mortalidad de los seres humanos. Pero también puede entenderse a la inversa: dado que hemos creado una criatura inmortal en contraposición al ser humano, si alguna vez surgiese la posibilidad (ciencia mediante) de dotar a un ser humano de la inmortalidad, ya sabemos que el ser resultante no podría considerarse humano ya que ha caído fuera de la delimitación de lo humano.

En definitiva entendernos a nosotros mismos pasa por observar las criaturas y seres que pueblan nuestras narraciones (ya sean en forma de películas o libros). Conocer a los seres limítrofes que comparten rasgos con nosotros y a la vez son otra cosa que lo humano.

Robots, ciborgs, androides, superhéroes así como elfos, enanos, trasgos y hadas son la zona sombreada que nos permite ver, por contraste, quiénes somos. Y en palabras del propio Tolkien: "Fantasía cuenta con muchas más cosas que elfos y hadas, con más incluso que enanos, brujas, gnomos, gigantes o dragones: cuenta con mares, con el sol, la luna y el cielo; con la tierra y todo cuanto ella contiene: árboles y pájaros, agua y piedra, vino y pan, y nosotros mismos, los hombres mortales, cuando quedamos hechizados." (Tolkien, J.R.R. 2002b, p.140)

11. Referencias bibliográficas

Aristóteles, 1974. *Poética de Aristóteles*. García Yebra, V. trad. Ed. Gredos

Arnau, P. (2001). *Before the rain, destrucción y salvación de lo humano en el relato*. En J. Choza y M. Montes (Eds.), *Antropología en el cine Vol. I*. Ed. Laberinto. pp. 53-74.

Arregui, J.V. (1988). Metáfisica del yo y hermenéutica diltheyana de la vida. Anuario Filosófico, 21, pp. 97-119.

Arregui, J.V. (1994, Abril). La verdad de la literatura. *Nuestro Tiempo*, I, pp. 116-125.

Arregui, J.V. (2006) (1). *El ser humano como ser corporal. La corporalidad vivida*. Contrastes. Revista Internacional De Filosofía. https://doi.org/10.24310/Contrastescontrastes.v0i0.1306

Asimov, I. (1994). *El hombre bicentenario y otros cuentos*. Ediciones B.

Bacon, F. Avance de la educación. (1905). En Ellis, R. L., & Spedding, J. (Eds.), Libro I (p. 60). Everyman Edition (pp. 35).

Bartra, R. (1997). *El salvaje artificial*. Ed. Era.

Bartra, R. (2009). *El mito del salvaje*. Ciencias, (060). Recuperado a partir de https://www.revistas.unam.mx/index.php/cns/article/view/11754

Cameron, J. y Eglee C. (2000). Dark Angel [Serie televisión]. Cameron, J. y Eglee, C.

Carpenter, H. (2002). *Cartas*. Ed. Planeta Agostini, Ed. Minotauro.

Choza, J., & Choza, P. (1996). *Ulises, un arquetipo de la existencia humana*. Ed. Ariel.

De Hipona, A. (2012). *La ciudad de Dios. Libros VIII – XV*. Ed. Gredos.

Duch, L. (1998). *Mito, interpretación y cultura*. Ed. Herder.

Gadamer, H.G. (1997). *Mito y razón*. Ed. Paidós.

Goethe, J. W. (2003). *Fausto*. Editorial Biblioteca Virtual Universal.

Kappler, C. (1986). *Monstruos, demonios y maravillas a fines de la edad media*. Ed. Akal universitaria.

Kalogridis, L. (2018). *Altered carbon* [Serie televisión]. Netflix.

Leonard, B. (Director). (1992). *El cortador de Césped.* [Película]. Gimel Everett.

Lewis, C. S. (1982). *Crítica literaria, un experimento.* Ed. Antoni Bosch.

Lewis, C. S. (1994). *Esa horrible fuerza.* Ed. Encuentro.

Lewis, C.S. (1997a). *Milagros.* En *Dios en el banquillo* (pp. 21-38). Ed. Rialp.

Lewis, C.S. (1997b). *El mito se hizo realidad.* En *Dios en el banquillo.* (pp.53-59). Ed. Rialp.

Lewis, C.S. (2014). *La abolición del hombre.* Ed. Vortice.

Lewis, C.S (2023). Cartas del diablo a su sobrino. Ed. Rialp.

Marín, H. (1997). *La invención de lo Humano.* Ed. Iberoamericana.

Morey, M. (1989). *El hombre como argumento.* Ed. Anthropos.

Niccol, A. (Director). (1997). *Gattaca* [Película]. Jersey Films; Columbia Pictures.

Negre, M. (1985). *Poiesis y verdad en Giambattista Vico.* [Tesis doctoral, Universidad de Sevilla] Ed. Publicaciones Universidad de Sevilla. https://idus.us.es/handle/11441/15132

Odero, J. M. (1987). *J.R.R. Tolkien Cuentos de Hadas.* Ed. Eunsa.

Oshii, M. (1995). *Ghost in the shell.* [Película]. Production I.G; Bandai Visual.

Proyas, A. (Director) (2004). *Yo, robot.* [Película]. 20th Century Fox.

Ricoeur, P. (1996) *Sí mismo como otro.* Ed. Siglo XXI.

Rodríguez, F. (2001). La mirada en el espejo. Ensayo antropológico sobre Frankenstein de Mary Shelley. Ed. Septem.

Scott, R. (Director) (1982). *Blade runner.* [Película]. Warner Bros.; Ladd Company; Shaw Brothers.

Shelley, M. (1997). *Frankenstein.* Ediciones B.

Spielberg, S. y Kubrick, S. (Directores) (2001). *Inteligencia Artificial.* [Película]. Warner Bros. Pictures; Dreamworks Pictures; Amblin Entertainment; Stanley Kubrick Production.

Spottiswoode, R. (Director). (2000) *El sexto día* [Película]. Phoenix Pictures.

Taylor, C. (1996). *Fuentes del yo: la construcción de la identidad moderna.* Ed. Paidós.

Tolkien, J.R.R. (2002a). *El Señor de los Anillos: Las dos Torres*. Ed. Planeta Agostini, Ed. Minotauro.

Tolkien, J. R. R. (2002b). *Sobre los cuentos de hadas. En Los monstruos y los críticos. Y otros ensayos*. (pp.135-195) Ed. Planeta Agostini, Ed. Minotauro.

Tolkien, J. R. R. (2002c). *El señor de los anillos. Apéndices*. Ed. Planeta Agostini, Ed. Minotauro.

Tolkien, J. R. R. (2002d). *El Silmarillion*. Ed. Planeta Agostini, Ed. Minotauro.

Vico, G. B. (1999-2000). *La antiquísima sabiduría de los italianos partiendo de los orígenes de la lengua latina*. Cuadernos sobre Vico, 11-12.

Yehya, N. (2001). *El cuerpo transformado*. Ed. Paidós. https://bibliocecifi.files.wordpress.com/2017/05/el-cuerpo-trasnformado-cyborgs-y-nuestra-descendencia-tecnolc3b3gica-en-la-realidad-y-la-ciencia-ficcic3b3n-naief-yehya.pdf

Bibliografía seleccionada

Haraway, D. (2023). *Mujeres, simios y Cyborgs*. Ed. Alianza.

Lewis, C.S. (1994). *Lejos del planeta silencioso*. Ed. Encuentro.

Lewis, C.S. (1994). *Perelandra (Viaje a Venus)*. Ed. Encuentro.

Lewis, C.S. (2000). *El león, la bruja y el armario*. Ed. Alfaguara.

Lewis, C.S. (1998). *Una pena en observación*. Ed. Anagrama.

Minsky, M. (2010). *La máquina de las emociones*. Ed. Debate.

Moravec, H. (1990) *Mind Children. The future of robot and human intelligence*. Ed. Harvard University Press.

Odero, M., & Odero, J. (1993). *C.S. Lewis y la imagen del hombre*. Ed. Eunsa.

Tolkien, J.R.R. (2002a). *El Señor de los Anillos: La comunidad del anillo. Primera parte*. Ed. Planeta Agostini, Ed. Minotauro.

Tolkien, J.R.R. (2002b). *El Señor de los Anillos: La comunidad del anillo. Segunda parte*. Ed. Planeta Agostini, Ed. Minotauro.

Tolkien, J.R.R. (2002). *El Señor de los Anillos: El retorno del rey*. Ed. Planeta Agostini, Ed. Minotauro.

Este libro se publicó
en el mes de marzo
del año 2024